LUIGI PIRANDELLO

Seis personagens em busca de um autor

Tradução do italiano de FEDERICO CAROTTI

www.lpm.com.br

L&PM POCKET

Coleção **L&PM** POCKET, vol. 1336

Texto de acordo com a nova ortografia.
Título original: *Sei personaggi in cerca d'autore*

Primeira edição na Coleção **L&PM** POCKET: agosto de 2022

Tradução do italiano: Federico Carotti
Capa: Ivan Pinheiro Machado
Preparação: Lia Cremonese
Revisão: Maurin de Souza

CIP-Brasil. Catalogação na publicação
Sindicato Nacional dos Editores de Livros, RJ.

P74s

Pirandello, Luigi, 1867-1936
 Seis personagens em busca de um autor / Luigi Pirandello; tradução de Federico Carotti. – Porto Alegre [RS]: L&PM, 2022.
 128 p. ; 18 cm.

 Tradução de: *Sei personaggi in cerca d'autore*
 ISBN 978-85-254-3864-5

 1. Teatro italiano. I. Carotti, Federico. II. Título.

19-57129   CDD: 852
                            CDU: 82-2(45)

Vanessa Mafra Xavier Salgado - Bibliotecária - CRB-7/6644

© da tradução, L&PM Editores, 2020

Todos os direitos desta edição reservados a L&PM Editores
Rua Comendador Coruja, 314, loja 9 – Floresta – 90.220-180
Porto Alegre – RS – Brasil / Fone: 51.3225.5777

Pedidos & Depto. Comercial: vendas@lpm.com.br
Fale conosco: info@lpm.com.br
www.lpm.com.br

Impresso no Brasil
Inverno de 2022

Luigi Pirandello
(1867-1936)

Luigi Pirandello nasceu no dia 28 de junho de 1867, em Agrigento, na Sicília, numa localidade chamada Caos, que inspirou muito de sua obra. Ele afirmava: "Sou filho do Caos, e não apenas alegoricamente". De família próspera, proprietários de uma mina de enxofre, seus pais gostariam que Luigi seguisse no ramo, e então o mandaram estudar comércio no instituto técnico local. Porém, devido a sua total falta de interesse no assunto, Luigi transferiu-se para outra instituição de ensino, na qual se especializou em oratória e literatura.

Começou a escrever ainda muito jovem, publicando seu primeiro poema em 1883 e sua primeira história um ano depois. Após a formatura, foi para a Universidade de Roma – de onde foi expulso por ofender um professor –, cidade na qual passou a frequentar o teatro com regularidade. Em 1889, mudou-se para a Alemanha, onde continuou seus estudos na Universidade de Bonn, e finalizou dois anos depois seu doutorado em filologia sobre o dialeto de sua cidade natal. Retornou então a Roma com o objetivo de se estabelecer como tradutor e escritor.

Nesse período, escreveu *Elegie Renane* (1895) e publicou duas coletâneas de poesia e uma de contos, *Amori senza amore* (1894), mesmo ano em que se casou com Antonietta Portulano. Eles se estabeleceram em Roma e tiveram três filhos. Ela sofria de uma doença mental e acabaria sendo internada em uma instituição em 1919, após o agravamento dos seus sintomas em função da captura de dois dos seus filhos durante a Primeira Guerra Mundial.

Em 1898, começou a lecionar literatura italiana numa escola de formação para professoras e lá trabalhou por 24 anos. Em 1901, publicou *L'esclusa*, sua primeira novela de fôlego. Em 1904, veio o primeiro sucesso literário, com a novela *Il fu Mattia Pascal* [*O falecido Mattia*

Pascal] – sua obra impressionaria pela diversidade de gêneros e pelo volume de sua produção, que, além das novelas, incluiria centenas de contos e aproximadamente quarenta peças.

Pirandello começara a escrever peças nos anos 1880, mas somente depois de 1915 passou a se concentrar no teatro e escreveu um grande número de textos dentro de uma coleção que ele chamaria de "Maschere nude". *La ragione degli altri* (1915) foi sua primeira peça de três atos. O autor encontrou na jovem atriz italiana Marta Abba a protagonista ideal para seus textos e para ela escreveu diversas peças, como *Diana e la Tuda* (1926), *L'amica delle mogli* (1927) e *Come tu mi vuoi* (1930). Ela integrou a companhia teatral do autor, a Teatro d'Arte di Roma – fundada em 1924 –, e se tornou sua musa inspiradora. Esse período de intensa criatividade deu origem a suas duas maiores obras: *Sei personaggi in cerca d'autore* [*Seis personagens em busca de um autor*] (1921) e *Enrico IV* (1922), que o alçaram como uma figura de peso na cena literária italiana e mundial, culminando com o Prêmio Nobel de 1934.

Dentre as diversas controvérsias que cercam a vida de Pirandello, talvez a mais polêmica seja sua adesão ao fascismo em 1924 e o apoio ao regime de Mussolini, que retribuiu com fundos para a companhia de teatro do autor. Entretanto, após várias tentativas sem sucesso de um financiamento governamental para um teatro nacional em Roma e depois de ver frustradas suas expectativas em relação a Mussolini, Pirandello deixou a Itália em 1928 e passou a viver entre Berlim e Paris, voltando ao país natal apenas no fim da vida. Morreu no dia 10 de dezembro de 1936, de pneumonia, em Roma.

Prefácio

Há muitos anos (mas é como se fosse ontem) tenho a serviço de minha arte uma criadinha muito ligeira, mas nem por isso inexperiente no ofício.

Chama-se Fantasia.

Um pouco desaforada e zombeteira, gosta de se vestir de preto, mas ninguém há de negar que muitas vezes é extravagante, e ninguém há de crer que age sempre séria e da mesma maneira. Enfia a mão no bolso, tira dali um barrete com guizos, o põe na cabeça, vermelho feito uma crista, e sai correndo. Hoje aqui, amanhã ali. E se diverte trazendo aqui em casa, para eu extrair novelas, romances e comédias, as pessoas mais infelizes do mundo, homens, mulheres, jovens, envolvidos em casos estranhos dos quais não conseguem escapar, contrariados em seus desígnios, frustrados em suas esperanças, e com os quais, em suma, muitas vezes é realmente penoso tratar.

Pois bem, essa minha criadinha Fantasia teve, muitos anos atrás, a triste ideia ou o malfadado capricho de me trazer em casa uma família inteira, que não sei como ou onde encontrou, mas que, a seu ver, poderia me fornecer material para um magnífico romance.

Vi-me diante de um homem com cerca de cinquenta anos, de paletó preto e calças claras, ar carrancudo e olhar mortificado; uma pobre mulher em trajes de viúva, que por uma das mãos trazia uma menininha de quatro anos e pela outra um rapazinho com pouco mais de dez anos; uma mocinha atrevida e vistosa, também trajando luto, mas com uma ostentação equívoca e despudorada, toda ela tomada por um frêmito de alegre desdém sarcástico contra aquele velho mortificado e contra um jovem de seus vinte anos, que se mantinha afastado e introvertido, como se sentisse rancor por todos. Resumindo, eram aqueles seis personagens que aparecerão agora no palco, no início da comédia. E então começaram, ora um, ora outro, mas também um tentando sobrepujar o outro, a me contar suas tristes histórias, cada qual bradando suas próprias razões e me lançando ao rosto suas paixões descontroladas, mais ou menos como agora fazem na comédia para o desventurado Diretor.

Qual autor poderá algum dia dizer como e por que um personagem nasceu em sua fantasia? O mistério da criação artística é o próprio mistério do nascimento natural. Ao amar, uma mulher pode desejar ser mãe, mas o desejo sozinho, por maior que seja, não basta. Um belo dia ela vai se descobrir grávida, sem nenhuma indicação precisa do momento em que ocorreu a concepção. Da mesma forma, um artista, ao viver, acolhe em si muitos germes de vida, e nunca será capaz de dizer como e por que, num certo momento, um desses germes vitais se inseriu em sua fantasia para se tornar, ele também, uma criatura viva num plano de vida superior à volúvel existência cotidiana.

Posso apenas dizer que, sem que eu os tenha procurado, encontrei-os diante de mim, tão vivos que podia tocá-los, tão vivos que podia ouvir até sua respiração, aqueles seis personagens que agora se veem em cena. Ali presentes, cada qual com seu tormento secreto e todos unidos pelo nascer e desenrolar dos acontecimentos recíprocos, esperavam que eu os introduzisse no mundo da arte, que, a partir de suas pessoas, suas paixões e suas histórias, eu compusesse um romance, um drama ou pelo menos uma novela.

Nascidos vivos, queriam viver.

Agora cabe esclarecer que nunca me bastou representar uma figura masculina ou feminina, por mais especial e característica que fosse, apenas pelo gosto de representá-la; narrar um episódio particular, alegre ou triste, apenas pelo gosto de narrá-lo; descrever uma paisagem apenas pelo gosto de descrevê-la.

Há certos escritores (e não poucos) que têm esse gosto, e, acreditem, não procuram outra coisa. São escritores de natureza mais propriamente histórica.

Mas há outros que, além desse gosto, sentem uma necessidade espiritual mais profunda, pela qual não admitem figuras, episódios, paisagens que não se tinjam, por assim dizer, de um sentido especial da vida, e assim adquiram um valor universal. São escritores de natureza mais propriamente filosófica.

Desgraçadamente, incluo-me entre esses últimos.

Odeio a arte simbólica, na qual a representação perde qualquer movimento espontâneo para se tornar máquina, alegoria, esforço inútil e mal-entendido, pois, pelo simples fato de se conferir um sentido alegórico a uma representação, já se mostra que ela é tida como uma fábula que não possui em si mesma nenhuma verdade fantástica ou efetiva, e que é feita para demonstrar alguma verdade moral. Essa necessidade espiritual a que me refiro não se satisfaz, a não ser raras vezes e com uma finalidade de ironia superior (como, por exemplo, em Ariosto), com tal simbolismo alegórico. Este parte de um conceito, ou melhor, é um conceito que se faz, ou tenta se fazer, imagem; já aquele, ao contrário, busca na imagem, que deve permanecer viva e livre em toda sua expressão, um sentido que lhe dê valor.

Ora, por mais que procurasse, eu não conseguia descobrir esse sentido naqueles seis personagens. E por isso considerava que não valeria a pena fazê-los viver.

Pensava comigo mesmo: "Já importunei tanto meus leitores com centenas e centenas de novelas: por que iria importuná-los com a narrativa das tristes histórias desses seis desgraçados?".

E, assim pensando, afastava-os de mim. Ou melhor, fazia de tudo para afastá-los.

Mas não é à toa que se dá vida a um personagem.

Criaturas de meu espírito, aqueles seis já viviam uma vida que era deles, e não mais minha, uma vida que já não estava em meu poder negar a eles.

Assim é que, persistindo eu na vontade de afastá-los de meu espírito, eles, já quase totalmente privados de qualquer suporte narrativo, personagens de um romance, prodigiosamente saídos das páginas do livro que os continha, seguiam vivendo por conta própria; escolhiam certos momentos de meu dia para se apresentar a mim na solidão de meu escritório, e vinham me tentar, ora um, ora outro, ora dois juntos, propondo tal ou tal cena a ser representada ou descrita, os efeitos que se poderiam obter, o interesse que uma insólita situação poderia despertar, e assim por diante.

Por um instante eu me deixava vencer, e a cada vez bastava esta minha condescendência, esta minha temporária atenção, para que eles obtivessem um novo acréscimo de vida, uma maior evidência e, portanto, também uma maior capacidade de persuasão sobre mim. E assim, aos poucos, para mim tornava-se mais difícil voltar a me libertar deles, na mesma medida em que para eles tornava-se mais fácil voltar a me tentar. A certa altura ficou uma verdadeira obsessão. Até que, de súbito, tive um lampejo.

"Por que", perguntei a mim mesmo, "não represento isso, o caso inédito de um autor que se recusa a dar vida a alguns de seus personagens, que nasceram vivos em sua fantasia, e o caso desses personagens que, já infundidos de vida, não se resignam a ficar excluídos do mundo da arte? Eles já se separaram de mim, vivem por conta própria, adquiriram voz e movimento, já se tornaram por si mesmos, nessa luta pela vida que tiveram de travar comigo, personagens dramáticos, personagens que podem agir e falar por si sós; já se veem dessa maneira; aprenderam a se defender de mim; saberão também se defender dos outros. Então, pronto, vamos deixá-los ir aonde os personagens dramáticos costumam ir para adquirir vida: um palco. E vamos ver o que vai acontecer."

E assim fiz. Ocorreu naturalmente o que devia ocorrer: uma mescla de trágico e cômico, de fantástico e realista, numa situação humorística totalmente nova e ainda mais complexa: um drama que, por meio de seus personagens, que respiram, falam e se movem, levando-o e sofrendo-o dentro de si, quer a tudo custo encontrar maneira de ser representado; e a comédia da vã tentativa dessa encenação improvisada. Em primeiro lugar, a surpresa daqueles pobres atores de uma companhia teatral que, de dia, estão ensaiando uma comédia num palco sem bastidores nem cenários; surpresa e incredulidade, ao ver aparecerem aqueles seis personagens que se anunciam como tais, em busca de um autor; depois, logo a seguir, com aquele súbito desmaio da Mãe velada de negro, o instintivo interesse deles pelo drama que vislumbram nela e nos outros membros daquela estranha família, drama obscuro, ambíguo, que vem se abater tão inesperadamente naquele palco vazio e despreparado para recebê-lo; e o gradual aumento desse interesse conforme irrompem as paixões contrastantes ora no Pai, ora na Enteada, ora no Filho, ora naquela pobre Mãe, paixões que, como disse, procuram se sobrepor sucessivamente, com uma trágica fúria dilaceradora.

E então aquele sentido universal, antes inutilmente procurado naqueles seis personagens, eles mesmos, que foram sozinhos até o palco, agora conseguem encontrá-lo dentro de si, no ardor da luta desesperada que travam mutuamente e, unidos, contra o Diretor e os atores que não os compreendem.

Sem querer, sem saber, no alvoroço da alma agitada, cada um deles, para se defender das acusações do outro, exprime com sua viva paixão e tormento aquelas penas que por tantos anos afligiram meu espírito: a ilusão do mútuo entendimento fundado irremediavelmente na abstração vazia das palavras, a personalidade múltipla de cada um segundo todas as possibilidades do ser que existem em cada um de nós, e, por fim, o trágico conflito imanente entre a vida em constante mudança e movimento e a forma que a fixa, imutável.

Dois desses seis personagens em particular, o Pai e a Enteada, falam dessa atroz fixidez inevitável de sua forma, na qual ambos veem expressa para sempre, imutavelmente, sua própria essência, que para um significa castigo e para a outra vingança; defendem-na contra os esgares fictícios e a inconsciente volubilidade dos atores e tentam impô-la ao vulgar Diretor, o qual gostaria de alterá-la e adaptá-la às chamadas exigências do teatro.

Nem todos os seis personagens parecem ocupar o mesmo plano de formação, mas não porque alguns sejam de primeiro ou segundo plano, isto é, "protagonistas" e "coadjuvantes" – o que seria uma perspectiva elementar, necessária a qualquer arquitetura cênica ou narrativa –, nem porque não estejam todos eles, naquilo a que se prestam, totalmente formados. Todos os seis estão no mesmo ponto de realização artística, e todos os seis no mesmo plano de realidade, que é o fantástico da comédia. Mas sim porque o Pai, a Enteada e também o Filho estão realizados como espírito; a Mãe, como natureza; o Rapazinho que olha e faz um gesto e a Menina totalmente inerte, como "presenças". Isso cria entre eles um novo gênero de perspectiva. Inconscientemente, eu tinha tido a impressão de que precisaria mostrar alguns deles mais realizados (artisticamente), outros menos, outros apenas levemente representados como elementos de um fato a ser narrado ou representado: os mais vivos, mais completamente criados, o Pai e a Enteada, que se adiantam com naturalidade, guiam e arrastam o peso quase morto dos demais: um, o Filho, relutante; o outro, a Mãe, como uma vítima resignada, entre aquelas duas criaturinhas quase sem consistência alguma, a não ser pela presença e por precisarem ser levadas pela mão.

De fato! De fato, cada qual devia mesmo aparecer naquele estágio de criação atingido na fantasia do autor no momento em que quis afastá-los de si.

Refletindo agora, parece-me um milagre ter intuído essa necessidade, ter encontrado inconscientemente a maneira de resolvê-la com uma nova perspectiva e a maneira como a obtive. O fato é que a comédia foi realmente concebida numa iluminação espontânea da fantasia, quando todos os elementos do espírito prodigiosamente se correspondem e trabalham numa divina consonância. Nenhum cérebro humano, trabalhando racionalmente, por mais que se torturasse, jamais conseguiria penetrar e atender a todas as necessidades de sua forma. Portanto, as razões que exporei para esclarecer seus valores não devem ser entendidas como intenções prévias à criação deles, e que agora eu estaria defendendo, mas apenas como descobertas que eu mesmo, com a mente descansada, pude fazer mais tarde.

Quis representar seis personagens que estão em busca de um autor. O drama não consegue ser representado justamente porque falta o autor que eles estão buscando e, em lugar do drama, é representada a comédia dessa vã tentativa, com tudo o que ela encerra de trágico por terem esses seis personagens sido recusados.

Mas pode-se representar um personagem, recusando-o? Pelo contrário, é evidente que, para representá-lo, é preciso acolhê-lo na fantasia e então exprimi-lo. E de fato acolhi e realizei esses seis personagens, mas acolhi-os e realizei-os como personagens recusados: em busca de outro autor.

Agora cabe entender o que recusei neles: não eles próprios, claro, mas seu drama, o qual certamente interessa sobretudo a eles, mas não me interessava de forma alguma, pelas razões já mencionadas.

E o que é o drama pessoal, para um personagem?

Todo fantasma, toda criatura de arte, para existir, deve ter seu próprio drama, isto é, um drama pelo qual e para o qual é personagem.

O drama é a razão de ser do personagem, é a sua função vital: necessária para existir.

Assim, acolhi o ser, mas não a razão de ser, daqueles seis; peguei o organismo e, ao invés de lhe confiar sua função própria, atribuí-lhe outra mais complexa na qual aquela função própria entrava apenas como um dado de fato. Situação terrível e desesperada especialmente para os dois – o Pai e a Enteada – que, mais do que os outros, insistem em viver e, mais do que os outros, têm a consciência de serem personagens, isto é, têm absoluta necessidade de um drama, e portanto do próprio drama, que é o único que podem imaginar para si mesmos e que no entanto veem ser-lhes recusado, situação "impossível" da qual sentem que precisam sair a qualquer custo, por uma questão de vida ou de morte. É verdade que eu lhes dei outra razão de ser, outra função, isto é, justamente aquela situação "impossível", o drama de personagens recusados que estão em busca de um autor: mas eles não podem sequer suspeitar que essa seja uma razão de ser, que essa tenha se tornado, para eles que já tinham uma vida própria, a verdadeira função necessária e suficiente para existir. Se alguém lhes dissesse isso, não acreditariam, pois não é possível acreditar que a única razão de nossa vida consista num tormento que nos parece injusto e inexplicável.

Assim, não consigo imaginar com que fundamento me foi levantada a objeção de que o personagem do Pai não era o que deveria ser, visto que às vezes saía de sua qualidade e posição de personagem, invadindo e se apropriando da atividade de autor. Eu, que entendo quem não me entende, entendo que a objeção se deve ao fato de que aquele personagem exprime como seu um tormento de espírito que é considerado como meu. Isso é muito natural e não significa absolutamente nada. À parte a consideração de que aquele tormento de espírito no personagem do Pai deriva, e é sofrido e vivido, por causas e razões que não têm nada a ver com o drama de minha experiência pessoal, consideração que por si só tiraria qualquer consistência à crítica, quero esclarecer que uma coisa é o tormento imanente de meu espírito, tormento que posso legitimamente refletir num personagem – desde que lhe seja orgânico –; outra coisa é a atividade do meu espírito dirigida para a realização deste trabalho, ou seja, a atividade que consegue formar o drama daqueles seis personagens em busca de um autor. Se o Pai participasse dessa atividade, se contribuísse para formar o drama de ser aqueles personagens sem autor, então, e somente então, seria justificado dizer que às vezes ele é o próprio autor e, portanto, não é o que deveria ser. Mas o Pai não cria, e sim sofre esse seu ser "personagem em busca de um autor"; ele o faz como uma fatalidade inexplicável e como uma situação contra a qual tenta se rebelar com todas as suas forças e que procura remediar:

portanto, é precisamente um "personagem em busca de um autor" e nada mais, embora exprima o tormento de meu espírito como se fosse dele. Se ele participasse da atividade do autor, tal fatalidade se explicaria perfeitamente, isto é, ele se veria acolhido, mesmo que como personagem recusado, mas ainda assim acolhido na matriz fantástica de um poeta, e não teria mais razão de sofrer aquele desespero de não encontrar quem afirme e componha sua vida de personagem; ou seja, ele aceitaria de muito bom grado a razão de ser que lhe atribui o autor e renunciaria sem pesar à sua própria, e mandaria pelos ares aquele Diretor e aqueles atores a quem, no entanto, teve de recorrer como única saída.

Há, porém, um personagem, o da Mãe, que não se importa absolutamente em ter vida, se se considerar ter vida como um fim em si mesmo. Ela não tem a menor dúvida de não estar mais viva, e nunca lhe passou pela cabeça perguntar como e por que existe. Em suma, não tem consciência de ser personagem, na medida em que nunca, nem sequer por um instante, se afasta de seu "papel". Ela não sabe que tem um "papel".

Isso a torna plenamente orgânica. Com efeito, seu papel de Mãe, em sua "naturalidade", não encerra nenhum movimento espiritual; ela não vive como espírito; vive numa continuidade ininterrupta de sentimentos e, portanto, não pode tomar consciência de sua vida, ou seja, de seu ser personagem. Mas, apesar de tudo, à sua maneira e para seus próprios fins, ela também está em busca de um autor; a certa altura, ela parece satisfeita em ser levada à presença do Diretor. Talvez porque espere, ela também, receber vida dele? Não: porque espera que o Diretor lhe dê para representar uma cena com o Filho, na qual colocaria muito de sua própria vida; mas é uma cena que não existe, que nunca pôde e nem poderia ocorrer. Isso mostra a que ponto ela é inconsciente de seu ser personagem, isto é, da vida que pode ter, inteiramente fixada e determinada, vez a vez, em cada gesto e em cada palavra.

Ela se apresenta com os outros personagens no palco, mas sem entender o que eles estão fazendo. Evidentemente imagina que a ânsia de ter vida, que se apodera do marido e da filha e pela qual ela mesma também está num palco, não passa de uma das habituais extravagâncias incompreensíveis daquele homem atormentado e atormentador, e – horrível, horrível – de mais uma equívoca impertinência daquela sua pobre filha transviada. É totalmente passiva. Os casos de sua vida, os valores que assumem a seus olhos, seu próprio caráter, são coisas que apenas os outros comentam, e ela contradiz somente uma vez, quando seu instinto materno se insurge e se rebela, para esclarecer que não quis de maneira nenhuma abandonar o filho nem o marido, pois o filho lhe foi tirado, e o marido a obrigou ao abandono. Mas retifica dados de fato: não sabe nada e não se explica coisa alguma.

É, em suma, natureza. Uma natureza fixada numa figura de mãe.

Esse personagem me deu um novo tipo de satisfação, que não deve ser calada. Quase todos os meus críticos, ao invés de considerá-lo, como de hábito, "desumano" – que parece ser o caráter peculiar e incorrigível de todas as minhas criaturas, indistintamente – tiveram a gentileza de notar, "com verdadeira satisfação", que finalmente surgira de minha fantasia uma figura extremamente humana. Explico esse elogio da seguinte maneira: estando minha pobre Mãe inteiramente presa à sua atitude natural de Mãe, sem possibilidade de qualquer movimento espiritual livre, isto é, como um bloco de carne viva, com todas as suas funções de gerar, amamentar, criar e amar sua prole, sem necessidade de fazer funcionar o cérebro, ela realiza em si o pleno e verdadeiro "tipo humano". Sem dúvida é isso, pois aparentemente nada é mais supérfluo num organismo humano do que o espírito.

Mas os críticos, mesmo com esse elogio, quiseram se livrar da Mãe sem se dar ao trabalho de examinar o núcleo de valores poéticos que o personagem significa na comédia. Figura extremamente humana, sim, pois desprovida de espírito, isto é, inconsciente de ser aquilo que é ou sem se importar em explicá-lo. Mas o fato de ignorar que é um personagem não elimina o fato de sê-lo. Este é seu drama, em minha comédia. E a expressão mais viva disso aparece naquele seu grito ao Diretor, que pondera que tudo já aconteceu e, portanto, não há mais motivo de lágrimas: "Não, acontece agora, acontece sempre! Meu suplício não terminou, senhor! Estou viva e presente, sempre, em todo momento de meu suplício, que se renova, sempre vivo e presente". Isso ela sente sem consciência, e portanto como algo inexplicável: mas sente tão terrivelmente que nem lhe ocorre que seja algo a ser explicado a si mesma ou aos outros. Ela sente, e basta. Sente como dor, e essa dor clama, premente. Assim se reflete nela a fixidez de sua vida numa forma que atormenta, de outra maneira, o Pai e a Enteada. Eles, espírito; ela, natureza: o espírito se rebela ou, dependendo, tenta tirar algum proveito; a natureza, se não tiver os estímulos do sentido, chora.

O conflito imanente entre o movimento vital e a forma é condição inexorável não só da ordem espiritual, mas também da ordem natural. A vida que, para ser, fixou-se em nossa forma corporal, aos poucos mata sua forma. O pranto dessa natureza fixada é o irreparável e contínuo envelhecer de nosso corpo. O pranto da Mãe é igualmente passivo e perpétuo. Mostrado sob três faces, valorizado em três dramas diferentes e concomitantes, o conflito imanente assim encontra na comédia sua mais completa expressão. Ademais, a Mãe mostra também o valor especial da forma artística: forma que não compreende e não mata sua vida, e que a vida não consome, naquele seu grito para o Diretor. Se o Pai e a Enteada retomassem sua cena mil vezes seguidas, sempre no ponto fixado, no instante em que a vida da obra de arte deve se expressar naquele seu grito, ele sempre ressoaria: inalterado e inalterável em sua forma, mas não como uma repetição mecânica, não como um retorno forçado pelas necessidades exteriores, e sim, a toda vez, vivo e como novo, assim nascido de repente e para sempre: embalsamado vivo em sua forma incorruptível. E assim é que, sempre, ao abrir o livro, encontraremos Francesca viva confessando a Dante seu doce pecado, e se relermos essa passagem mil vezes seguidas, mil vezes seguidas Francesca dirá as mesmas palavras, nunca as repetindo mecanicamente, mas a cada vez proferindo-as pela primeira vez, com paixão tão viva e súbita que a cada vez Dante se impressionará. Tudo o que vive, pelo fato de viver, tem forma, e por isso mesmo deve morrer: exceto a obra de arte, que justamente vive para sempre na medida em que é forma.

O nascimento de uma criatura da fantasia humana, nascimento que franqueia o limiar entre o nada e a eternidade, também pode se dar de imprevisto, sendo gerado por uma necessidade. Num drama imaginado, é preciso que um personagem faça ou diga alguma coisa necessária; então nasce aquele personagem, e é exatamente como deveria ser. Assim nasce Madame Pace entre os seis personagens, e parece um milagre, ou melhor, um truque naquele palco representado realisticamente. Mas não é um truque. O nascimento é real, o novo personagem é vivo não porque já estivesse vivo, mas porque nasceu bem azado, como caberia à sua natureza de personagem, por assim dizer, "obrigatório". Ocorre, portanto, um rompimento, uma mudança imprevista no plano de realidade da cena, porque um personagem só pode nascer assim na fantasia do poeta, e não, evidentemente, no tablado de um palco. Sem que ninguém percebesse, mudei a cena de repente: acolhi-a naquele momento em minha fantasia, mesmo sem subtraí-la aos olhos dos espectadores; em vez do palco, mostrei-lhes minha fantasia no ato de criar, representada por aquele próprio palco. A mudança imprevista e incontrolável de uma aparência, passando de um plano de realidade a outro, é um daqueles milagres em que a estátua do Santo se move, e naquele momento certamente não é mais de madeira nem de pedra; mas não é um milagre arbitrário. Aquele palco, até por acolher a realidade fantástica dos seis personagens, não existe em si como dado fixo e imutável, como tampouco não existe nada previamente concebido nesta comédia: tudo se faz, tudo se move, tudo é uma tentativa improvisada. Assim, o plano de realidade do local em que essa vida amorfa, aspirando à sua forma, se transforma e se retransforma também chega a se deslocar, organicamente. Quando concebi o nascimento inesperado de Madame Pace naquele palco, senti que podia criá-lo e criei; se sentisse que esse nascimento iria alterar e desorientar de súbito, silenciosamente e quase inadvertidamente, o plano de realidade da cena, decerto não o criaria, paralisado por sua aparente ilogicidade. E cometeria uma infeliz mortificação da beleza de minha obra, ao que fui salvo pelo fervor de meu espírito: porque, contra uma falsa aparência lógica, esse nascimento fantástico se apoia numa verdadeira necessidade que mantém uma misteriosa correlação orgânica com toda a vida da obra.

E só posso sorrir aos que agora me dizem que ela não tem todo o valor que poderia ter, porque sua expressão é caótica, porque peca por romantismo.

Entendo por que dizem isso. Entendo por que a representação do drama em que estão envolvidos os seis personagens parece tumultuada, e nunca avança de maneira ordenada: não há desenvolvimento lógico, não há encadeamento dos fatos. É verdade. Nem procurando ao máximo eu conseguiria encontrar maneira mais desordenada, mais estranha, mais arbitrária e complicada, isto é, mais romântica, de representar "o drama em que estão envolvidos os seis personagens". É verdade, repito, mas de forma alguma representei esse drama: representei outro – e não ficarei repetindo isso! –, no qual, entre outras belas coisas que cada um pode encontrar como lhe aprouver, há precisamente uma discreta sátira aos procedimentos românticos; naqueles meus personagens tão empenhados em prevalecer nos papéis que têm num determinado drama, enquanto apresento-os como personagens de outra comédia que não conhecem e da qual nem suspeitam, de modo que essa sua agitação passional, própria dos procedimentos românticos, é apresentada de maneira humorística, sustentando-se no vazio. O drama dos personagens, representado não como minha fantasia o ordenaria se o tivesse acolhido, mas como drama recusado, não poderia aparecer senão como "situação", num ou noutro desenvolvimento, e não poderia surgir senão em alusões, tumultuado e desordenado, em socavões violentos, de maneira caótica: constantemente interrompido, desviado, contestado, e até negado por um de seus personagens e nem sequer vivido por outros dois.

Há um personagem, de fato – o que "nega" o drama que o faz personagem, o Filho – que extrai toda sua relevância e valor de ser personagem não da "comédia a ser feita" – na qual ele quase nem aparece –, e sim da representação que fiz dela. No fundo, ele é o único que vive apenas como "personagem em busca de um autor", mas o autor que ele busca não é um autor dramático. Não poderia ser de outra forma; assim como sua atitude é orgânica em minha concepção, da mesma maneira é lógico que ele traga maior confusão e desordem à situação, e seja mais um motivo de contraste romântico.

Mas era exatamente esse caos, orgânico e natural, que eu deveria representar, e representar um caos não significa de maneira alguma representar caoticamente, isto é, romanticamente. E minha representação pode ser qualquer coisa, menos confusa; pelo contrário, ela é muito clara, simples e ordenada, como demonstra a evidência com que a trama, os caracteres, os planos fantásticos e realistas, dramáticos e cômicos do trabalho aparecem aos olhos de todos os públicos do mundo, e a clareza com que se mostram, a quem tem olhos mais penetrantes, os valores insólitos nele contidos.

Grande é a confusão das línguas entre os homens, se tais críticas ainda encontram palavras para se exprimir. Tão grande a confusão quão perfeita a íntima lei da ordem que, se fielmente obedecida, torna minha obra clássica e típica e impede uma catástrofe final. Com efeito, depois que todos já compreenderam que não se cria vida com o artifício e que o drama dos seis personagens, à falta de um autor que o valorize no espírito, não poderá ser representado, quando, por instigação do Diretor com sua vulgar curiosidade de saber como se desenrolou o fato, esse fato é relembrado pelo Filho na sucessão material de seus momentos, desprovido de qualquer sentido e portanto sem sequer a necessidade de uma voz humana, ele se abate brutal, inútil, com a detonação de uma arma mecânica em cena, rompe e dispersa a estéril tentativa dos personagens e dos atores, aparentemente sem a assistência do poeta.

Sem que o soubessem, porém, o poeta aguardava, como que acompanhando ao longe toda a tentativa deles, para com ela e a partir dela criar sua obra.

Seis personagens em busca de um autor

OS PERSONAGENS DA COMÉDIA
A SER ENCENADA

O Pai
A Mãe
A Enteada
O Filho
O Rapazinho
A Menina (*estes dois últimos não falam*)
(*Depois, evocada* Madame Pace)

Os Atores da companhia

O Diretor
A Atriz Principal
O Ator Principal
A Segunda Atriz
A Atriz Jovem
O Ator Jovem
Outros Atores e Atrizes
O Diretor de Cena
O Ponto
O Contrarregra
O Maquinista
O Secretário do Diretor
O Porteiro do teatro
Ajudantes e auxiliares de palco

De dia, num palco de teatro de comédia.

OBS.: A comédia não tem atos nem cenas. A representação será interrompida uma primeira vez, sem descer o pano, quando o Diretor e o chefe dos personagens se retirarem para combinar o roteiro e os Atores saírem do palco; uma segunda vez, quando o Maquinista, por engano, baixar o pano.

O público, ao entrar no teatro, encontra o pano erguido; o palco, sendo de dia, não tem bastidores nem cenário, é quase escuro e vazio, dando desde o início a impressão de um espetáculo não preparado.

Duas escadinhas, uma à direita e outra à esquerda, fazem a ligação entre o palco e a sala.

No palco, a caixa do ponto, afastada, ao lado da abertura.

Do outro lado, na parte da frente, uma mesinha e uma poltrona de costas para o público e de frente para o Diretor.

Duas outras mesinhas, uma maior e uma menor, com várias cadeiras ao redor, postas na frente para ficar à disposição, quando necessário, para o ensaio. Outras cadeiras, aqui e ali, à direita e à esquerda, para os Atores; e um piano no fundo, num dos lados, quase escondido.

Apagadas as luzes da plateia, o Maquinista entra pela porta do palco, de avental azul, com o saco de ferramentas na cintura; apanha alguns sarrafos num canto do fundo; coloca-os na frente do palco e começa a pregá-los. Ao som das marteladas acorre o Diretor de Cena, vindo pela porta dos camarins.

O Diretor de Cena – Ei! O que você está fazendo?

O Maquinista – O que estou fazendo? Estou pregando.

O Diretor de Cena – A essa hora? (*Olha o relógio.*) Já são dez e meia. Daqui a pouco o Diretor vai chegar para o ensaio.

O Maquinista – É, mas eu também preciso de tempo para fazer meu trabalho!

O Diretor de Cena – Tudo bem, mas não agora.

O Maquinista – Então quando?

O Diretor de Cena – Quando não for hora de ensaio. Vamos, vamos, leve tudo embora, e me deixe arrumar a cena para o segundo ato de *O jogo dos papéis*.

O Maquinista, bufando, resmungando, recolhe os sarrafos e vai embora. Enquanto isso, pela porta do palco começam a entrar os atores da companhia, homens e mulheres, primeiro um, depois outro, depois dois juntos, como se preferir: nove ou dez, o que se julgar necessário para os ensaios da comédia de Pirandello, O jogo dos papéis, *marcada para aquele dia. Entram, cumprimentam o Diretor de Cena e trocam saudações, desejando um bom dia. Alguns vão para os camarins; outros, entre eles o Ponto com o roteiro debaixo do braço, ficam no palco à espera do Diretor para começar o ensaio, e, enquanto isso, sentados ou de pé, trocam algumas palavras; um acende um cigarro, outro reclama do papel que recebeu, outro ainda lê em voz alta para os companheiros alguma notícia de um jornalzinho de teatro. É conveniente que as Atrizes e os Atores estejam com roupas bem claras e alegres, e que essa primeira cena improvisada, em sua naturalidade, seja muito animada. A certa altura, um dos atores pode se sentar ao piano e tocar uma música; os Atores e Atrizes mais jovens começarão a dançar.*

O Diretor de Cena – (*batendo palmas para chamá-los à ordem*) Vamos, parem com isso! Chegou o senhor Diretor!

Os sons e a dança param de repente. Os Atores se viram para olhar a sala do teatro, por onde entra o Diretor que, de chapéu-coco, bengala embaixo do braço e um grande charuto na boca, atravessa o corredor entre as poltronas e, cumprimentando os atores, sobe por uma das duas escadas para o palco. O Secretário vai lhe entregar a correspondência: alguns jornais, um roteiro enrolado.

O Diretor – Cartas?

O Secretário – Nenhuma. A correspondência está toda aqui.

O Diretor – (*entregando-lhe o roteiro enrolado*) Leve para o camarim. (*Depois, olhando ao redor e dirigindo-se* *ao Diretor de Cena:*) Ora, não se enxerga nada. Por favor, providencie um pouco de luz.

O Diretor de Cena – Imediatamente.

Sai para dar a ordem. Logo a seguir, em todo o lado direito, onde estão os Atores, o palco fica iluminado com uma viva luz branca. Enquanto isso, o Ponto entra na sua abertura, acende a lâmpada e abre o roteiro diante de si.

O Diretor – (*batendo palmas*) Vamos, vamos, hora de começar. (*Para o Diretor de Cena:*) Falta alguém?

O Diretor de Cena – Falta a Atriz Principal.

O Diretor – Como sempre! (*Olha o relógio.*) Já estamos dez minutos atrasados. Marque no cartão, faça o favor. Assim ela aprende a ser pontual nos ensaios.

Antes de terminar a repreensão, do fundo da sala ouve--se a voz da Atriz Principal.

A Atriz Principal – Não, não, por favor! Estou aqui! Estou aqui!

Está toda vestida de branco, com um grande chapéu atrevido na cabeça e um gracioso cãozinho entre os braços; corre pela passagem entre as poltronas e sobe a toda pressa por uma das escadinhas.

O Diretor – A senhora jurou sempre se fazer esperar.

A Atriz Principal – Desculpe-me. Procurei tanto um automóvel para chegar a tempo. Mas estou vendo que ainda não começaram. E eu não entro logo em cena. (*Depois, chamando o Diretor de Cena pelo nome e entregando-lhe o cãozinho:*) Por favor, coloque-o no camarim.

O Diretor – (*resmungando*) Até o cãozinho! Como se fôssemos poucos os cachorros aqui. (*Bate palmas de novo e se dirige ao Ponto:*) Vamos, vamos, o segundo ato de *O jogo dos papéis*. (*Sentando na poltrona:*) Atenção, senhores. Quem está em cena?

Os Atores e Atrizes saem da frente do palco e vão se sentar de um lado, exceto os três que darão início ao ensaio e a Atriz Principal, que, sem prestar atenção na pergunta do Diretor, vai se sentar na frente de uma das mesas.

O Diretor – (*para a Atriz Principal*) Então, a senhora está em cena?

A Atriz Principal – Não, senhor.

O Diretor – (*irritado*) Então saia, santo Deus!

A Atriz Principal se levanta e vai se sentar junto com os outros Atores já afastados.

O Diretor – (*para o Ponto*) Comece, comece.

O Ponto – (*lendo o roteiro*) "Na casa de Leone Gala. Uma estranha sala de jantar e de leitura."

O Diretor – (*dirigindo-se ao Diretor de Cena*) Usaremos a sala vermelha.

O Diretor de Cena – (*anotando numa folha de papel*) A vermelha. Está bem.

O Ponto – (*continuando a ler o roteiro*) "Mesa posta e escrivaninha com livros e papéis. Estantes e cristaleiras com porcelanas valiosas. Porta ao fundo que leva ao quarto de Leone. Saída lateral à esquerda que leva à cozinha. A entrada fica à direita."

O Diretor – (*levantando-se e apontando*) Portanto, prestem atenção: ali é a entrada. Aqui é a cozinha. (*Dirigindo-se ao ator que representará o papel de Sócrates:*) O senhor vai entrar e sair por este lado. (*Ao Diretor de Cena:*) Coloque a porta de vaivém no fundo e ponha as cortinas. (*Volta a se sentar.*)

O Diretor de Cena – (*anotando*) Está bem.

O Ponto – (*lendo c.a.*) "Cena Um. Leone Gala, Guido Venanzi, Filippo chamado Sócrates." (*Ao Diretor*) Leio também as indicações?

O Diretor – Mas claro! Claro que sim! Já lhe disse cem vezes!

O Ponto – (*lendo c.a.*) "Ao levantar o pano, Leone Gala, com chapéu de cozinheiro e avental, está batendo um ovo numa tigela com uma colher de pau. Filippo está batendo outro, também vestido de cozinheiro. Guido Venanzi ouve, sentado."

O Ator Principal – (*para o Diretor*) Desculpe, preciso mesmo pôr o chapéu de cozinheiro?

O Diretor – (*incomodado com a observação*) Que dúvida! Pois se está escrito! (*Aponta o roteiro.*)

O Ator Principal – Mas é ridículo, me desculpe!

O Diretor – (*pondo-se de pé, furioso*) "Ridículo! Ridículo!" E o que o senhor quer que eu faça, se não vem mais nenhuma boa comédia da França, e nos resta apenas encenar comédias de Pirandello, que só entende quem é inteligente, feitas de propósito para nunca agradar ninguém, nem atores, nem críticos, nem o público? (*Os Atores riem. Então ele avança até o Ator Principal e grita:*) Chapéu de cozinheiro, sim senhor! E bata os ovos! O senhor acha que vai ser só bater os ovos? Pois espere! Terá de representar a casca dos ovos que está batendo! (*Os Atores voltam a rir e trocam comentários irônicos.*) Silêncio! E prestem atenção quando explico! (*Dirigindo-se novamente ao Ator Principal:*) Sim, senhor, a casca: ou seja, a forma vazia da razão, sem o conteúdo do instinto, que é cego! O senhor é a razão e sua mulher é o instinto, num jogo de papéis determinados, no qual o senhor representando seu papel é deliberadamente o fantoche de si mesmo. Entendeu?

O Ator Principal – (*abrindo os braços*) Eu não!

O Diretor – (*voltando para seu lugar*) Nem eu! Vamos em frente, que no fim vão me elogiar! (*Em tom confidencial:*) Por favor, fique de três quartos, pois senão, entre as esquisitices do diálogo e suas palavras que o público não consegue ouvir, vai ser um desastre! (*Batendo palmas de novo:*) Atenção, atenção! Vamos começar!

O Ponto – Desculpe, senhor Diretor, posso me abrigar na caixa? Está um ventinho!

O Diretor – Pois não, abrigue-se!

Enquanto isso, o Porteiro do teatro entra na sala, com o boné agaloado na cabeça e, atravessando o caminho entre as poltronas, aproxima-se do palco para anunciar ao Diretor a chegada dos Seis Personagens, que, também entrando na sala, seguem o Porteiro a certa distância, um pouco desorientados e perplexos, olhando em torno. Quem quiser tentar uma tradução desta comédia no palco deve lançar mão de todos os meios para que estes Seis Personagens não se confundam com os Atores da Companhia. A disposição de uns e outros, indicada nas rubricas, quando eles subirem ao palco, sem dúvida será útil, bem como luzes de cores diferentes com os refletores adequados. Mas o meio mais eficaz e prático, que aqui sugerimos, é o uso de máscaras próprias para os Personagens: feitas especialmente com um material que não amoleça com o suor e mesmo assim seja leve para os Atores que as usarem: talhadas com aberturas para os olhos, o nariz e a boca. Assim interpreta-se também o sentido profundo da comédia. De fato, os Personagens não devem aparecer como fantasmas, mas como realidades criadas, construções imutáveis da fantasia: portanto, mais reais e consistentes do que a volúvel naturalidade dos Atores. As máscaras ajudarão a criar a impressão da figura construída pela arte, cada qual fixada imutavelmente na expressão do sentimento fundamental de cada um deles: o remorso para o Pai, a vingança para a Enteada, o desdém para o Filho, a dor para a Mãe, com lágrimas imóveis de cera na lividez das olheiras e ao longo da face, como se veem nas imagens esculpidas e pintadas da Mater dolorosa nas igrejas. E também os figurinos de tecidos e feitios especiais, sem extravagância, com pregas rígidas e volume quase estatuário, enfim, que não pareçam feitos de um tecido que se possa comprar numa loja qualquer da cidade e seja cortado e costurado numa alfaiataria qualquer.

O Pai está na casa dos cinquenta anos: entradas acentuadas, mas não calvo, cabelo ruivo, com bigodinhos bastos quase encaracolados em volta da boca ainda jovial, frequentemente aberta num sorriso incerto e vazio. Pálido, principalmente na testa ampla; olhos azuis amendoados, muito brilhantes e argutos; usa calças claras e paletó escuro: ora é melífluo, ora tem rompantes duros e ríspidos.

A Mãe parece assustada e oprimida por um peso intolerável de vergonha e degradação. Velada por espesso crepe de viúva, veste-se humildemente de preto e, quando levanta o véu, mostra um rosto não sofredor, mas como de cera, e mantém os olhos sempre baixos.

A Enteada, de dezoito anos, é petulante, quase impudente. Muito bonita, também está de luto, mas com elegância vistosa. Mostra desprezo pelo ar tímido, aflito e quase aturdido do irmão menor, Rapazinho esquálido de catorze anos, ele também de preto; com viva ternura, porém, pela irmãzinha, Menina com cerca de quatro anos, vestida de branco e uma faixa negra na cintura.

O Filho, de vinte e dois anos, quase enrijecido num contido desprezo pelo Pai e sombria indiferença pela Mãe, usa um sobretudo roxo e uma longa faixa verde enrolada no pescoço.

O Porteiro – (*com o boné nas mãos*) Desculpe, senhor comendador.

O Diretor – (*brusco, ríspido*) O que foi?

O Porteiro – (*timidamente*) Estão aqui umas pessoas perguntando pelo senhor.

O Diretor e os Atores se viram surpresos, olhando do palco para a plateia.

O Diretor – (*novamente enfurecido*) Mas estou ensaiando! E você sabe muito bem que ninguém pode entrar durante o ensaio! (*Dirigindo-se para o fundo:*) Quem são os senhores? O que querem?

O Pai – (*indo até uma das duas escadinhas, seguido pelos outros*) Estamos em busca de um autor.

O Diretor – (*entre perplexo e zangado*) De um autor? Que autor?

O Pai – Qualquer um, senhor.

O Diretor – Mas aqui não há nenhum autor, pois não estamos ensaiando nenhuma comédia nova.

A Enteada – (*alegre e animada, sobe correndo a escadinha*) Melhor ainda, melhor ainda, senhor! Podemos nós ser a nova comédia.

Um dos Atores – (*entre o burburinho dos comentários e risadas dos outros*) Ora, ouçam esta!

O Pai – (*acompanhando a Enteada no palco*) Sim, mas se não há autor! (*Para o Diretor.*) A não ser que o senhor queira ser...

A Mãe, com a Menina pela mão, e o Rapazinho sobem os primeiros degraus da escadinha e ficam ali esperando. O Filho continua embaixo, carrancudo.

O Diretor – Os senhores estão brincando?

O Pai – Não, imagine, senhor! Pelo contrário, estamos lhe trazendo um drama doloroso.

A Enteada – E podemos ser sua alegria!

O Diretor – Ora, façam o favor de ir embora, pois não temos tempo para perder com loucos!

O Pai – (*magoado e melífluo*) Ah, o senhor sabe muito bem que a vida está cheia de infinitos absurdos, os quais à primeira vista nem precisam parecer verossímeis, porque são verdadeiros.

O Diretor – Que raios está dizendo?

O Pai – Estou dizendo que é o contrário, isso sim, que se pode considerar uma loucura, isto é, criar absurdos verossímeis para que pareçam verdadeiros. Mas permita-me observar que, se isso é loucura, é a única razão de ser de sua profissão.

Os Atores se agitam, indignados.

O Diretor – (*levantando-se e olhando-o*) Ah, é? Parece-lhe uma profissão de loucos, a nossa?

O Pai – Bem, meu senhor, fazer parecer verdadeiro aquilo que não é, sem necessidade, só por diversão... Seu ofício não é dar vida a personagens imaginários no palco?

O Diretor – (*fazendo-se imediatamente porta-voz da indignação de seus Atores*) Peço-lhe, caro senhor, que acredite que a profissão de comediante é nobilíssima! Se hoje em dia os atuais senhores dramaturgos nos fazem representar comédias tolas e fantoches em vez de homens, saiba que nos orgulhamos de ter dado vida – aqui, neste mesmo palco – a obras imortais!

Os Atores, satisfeitos, aprovam e aplaudem seu Diretor.

O Pai – (*interrompendo e retomando com paixão*) Isso! Muito bem! A seres vivos, mais vivos do que os que respiram e usam roupas! Menos reais, talvez; mas mais verdadeiros! Temos exatamente a mesma opinião!

Os Atores se entreolham, perplexos.

O Diretor – Como? Mas o senhor não estava dizendo...

O Pai – Não, desculpe, eu estava lhe respondendo, pois o senhor gritou que não tinha tempo para perder com loucos, mas o senhor, mais do que ninguém, sabe que a natureza utiliza a fantasia humana para prosseguir, mais elevada, em sua obra de criação.

O Diretor – Está bem, está bem. E aonde o senhor quer chegar com isso?

O Pai – A lugar nenhum, senhor. Só lhe demonstrar que há muitas maneiras e muitas formas de nascer para a vida: árvore ou pedra, água ou borboleta... ou mulher. E que também se nasce como personagem!

O Diretor – (*simulando um espanto irônico*) E o senhor, com estas pessoas em seu redor, nasceu personagem?

O Pai – Exatamente, senhor. E vivos, como pode ver.

O Diretor e os Atores desatam a rir, como se fosse uma brincadeira.

O Pai – (*magoado*) Fico triste que riam assim, pois, repito, trazemos em nós um drama doloroso, como os senhores podem deduzir por esta mulher de véu negro.

Dizendo isso, estende a mão à Mãe para ajudá-la a subir os últimos degraus e, continuando a conduzi-la, leva-a com certa solenidade trágica para o outro lado do palco, que se ilumina imediatamente com uma luz fantástica. A Menina e o Rapazinho seguem a Mãe; depois o Filho, que se mantém afastado, no fundo; depois a Enteada, que também se afasta, mas na frente dos outros, na boca de cena. Os Atores, antes perplexos, depois admirados com esse desenrolar, começam a aplaudir como se tivessem assistido a um espetáculo.

O Diretor – (*antes espantado, depois indignado*) Ora essa! Fiquem quietos! (*Depois, dirigindo-se aos Personagens:*) E os senhores retirem-se! Sumam daqui! (*Para o Diretor de Cena:*) Pelo amor de Deus, ponha-os para fora!

O Diretor de Cena – (*avançando e depois parando, como que detido por um estranho receio*) Fora! Fora!

O Pai – (*para o Diretor*) Mas não, veja, nós...

O Diretor – (*gritando*) Ora, nós aqui precisamos trabalhar!

O Ator Principal – Não está certo escarnecerem assim...

O Pai – (*avançando resoluto*) Espanta-me a incredulidade dos senhores! Pois não estão acostumados a ver saltar aqui em cima, um depois do outro, cheios de vida, os personagens criados por um autor? Será porque não tem aí (*indica a caixa do Ponto*) um roteiro conosco?

A Enteada – (*aproximando-se do Diretor, sorridente, lisonjeira*) Acredite, senhor, somos realmente seis personagens, e interessantíssimos! Embora perdidos.

O Pai – (*afastando-a*) Sim, perdidos, está certo! (*Para o Diretor, rápido:*) No sentido, veja bem, de que o autor que nos criou, nos deu vida, depois não quis, ou não pôde materialmente, nos colocar no mundo da arte. E foi um verdadeiro crime, senhor, porque quem tem a sorte de nascer personagem vivo pode rir da morte. Não morre nunca! Morre o homem, morre o escritor, instrumento da criação; a criatura não morre nunca! E para viver eternamente nem precisa de dotes extraordinários nem realizar prodígios. Quem era Sancho Pança? Quem era dom Abbondio? Mesmo assim são eternos, porque – germes vivos – tiveram a sorte de encontrar uma matriz fecunda, uma fantasia que soube criá-los e nutri-los: fazê-los viver para a eternidade!

O Diretor – Tudo isso está muito bem! Mas o querem aqui?

O Pai – Queremos viver, senhor!

O Diretor – (*irônico*) Para a eternidade?

O Pai – Não, senhor: pelo menos por um momento, neles.

Um Ator – Ora vejam só!

A Atriz Principal – Querem viver em nós!

O Jovem Ator – (*indicando a Enteada*) Ei, por mim tudo bem, se me couber aquela ali.

O Pai – Esperem, a comédia precisa ainda ser feita; (*para o Diretor*) mas, se o senhor quiser e seus atores também, já damos um jeito aqui entre nós!

O Diretor – (*irritado*) Um jeito?! Aqui não damos jeitos! Aqui encenamos dramas e comédias!

O Pai – Ótimo! Viemos aqui exatamente para isso!

O Diretor – E onde está o roteiro?

O Pai – Está em nós, senhor. (*Os Atores riem.*) O drama está em nós; somos nós; e estamos impacientes para representá-lo, e dentro de nós vibra a paixão!

A Enteada – (*brincando com graça maliciosa, num despudor caricato*) Ah, a minha paixão, se o senhor soubesse! A minha paixão... por ele! (*Aponta o Pai, faz que vai abraçá-lo e então solta um riso agudo.*)

O Pai – (*num ímpeto de raiva*) Você, por enquanto, fique em seu lugar! E não ria assim!

A Enteada – Não? Agora me permitam: embora órfã faz apenas dois meses, vejam os senhores como sei cantar e dançar! (*Esboça com malícia o "Prends garde à Tchou-Tchin-Tchou", de Dave Stamper, em ritmo de foxtrote ou de One-Step lento de Francis Salabert: a primeira estrofe, acompanhando com passos de dança.*)

> Les chinois sont um peuple malin,
> De Shangaï à Pékin,
> Ils ont mis des écriteaux partout:
> Prenez garde à Tchou-Thin-Tchou!

Enquanto ela canta e dança, os Atores, principalmente os jovens, se aproximam como que atraídos por um estranho fascínio, e estendem ligeiramente as mãos como se fossem agarrá-la. Ela se esquiva; quando os Atores irrompem em aplausos, permanece distraída e distante durante a repreensão do Diretor.

Os Atores e as Atrizes – (*rindo e aplaudindo*) Muito bem! Bravo! Bravíssimo!

O Diretor – (*zangado*) Silêncio! Acham que estão num café-concerto? (*Puxando o Pai um pouco para o lado, um tanto consternado:*) Mas me diga, ela é louca?

O Pai – Não, que louca o quê! Pior!

A Enteada – (*logo correndo até o Diretor*) Pior! Pior! Outra coisa, senhor! Pior! Escute, por favor: deixe-nos representar já este drama, e então verá que a certa altura eu – quando este amorzinho aqui (*toma pela mão a Menina, que está perto da Mãe, e leva-a até o Diretor*) – vê como é lindinha? (*ergue-a no colo e lhe dá um beijo*) – querida! querida! (*coloca-a de novo no chão e acrescenta, quase sem querer, comovida:*) – muito bem, quando Deus tirar de repente este amorzinho àquela pobre mãe, e este imbecilzinho aqui (*puxa o Rapazinho para frente, agarrando-lhe a mão com rudeza*) fizer a maior das besteiras, digna do burro que ele é (*empurra-o de volta à Mãe com um repelão*), então o senhor me verá voar! Isso mesmo! Voar! Voar! E não vejo a hora, acredite, não vejo a hora! Porque, depois da coisa muito íntima que aconteceu entre mim e ele (*indica o Pai com uma careta horrível*), não aguento mais ficar com essa gente, assistindo ao tormento daquela mãe, por causa daquele sujeito lá (*indica o Filho*) – olhe, olhe! – indiferente, gélido, porque é o filho legítimo, ele! cheio de desprezo por mim, por aquele ali (*indica o Rapazinho*), por aquela criaturinha, pois somos bastardos, entendeu? Bastardos. (*Aproxima-se da Mãe e a abraça.*) E esta pobre mãe, que é a mãe comum de todos nós, ele não quer reconhecer como mãe dele também, trata-a com superioridade, como mãe apenas de nós três bastardos, patife! (*Diz tudo isso depressa, muito alvoroçada, e, chegando ao "patife"* *final, depois de ter avolumado a voz em "bastardos", fala baixo e devagar, quase cuspindo.*)

A Mãe – (*com profunda angústia para o Diretor*) Senhor, em nome destas duas criaturinhas, eu lhe suplico... (*sente-se desfalecer e cambaleia*) oh, meu Deus...

O Pai – (*vindo socorrê-la enquanto quase todos os Atores estão aturdidos e consternados.*) Por piedade, uma cadeira para esta pobre viúva!

Os Atores – (*acorrendo*) Mas então é verdade? Está mesmo desmaiando?

O Diretor – Uma cadeira, já, aqui!

Um dos Atores oferece uma cadeira, os outros ficam ao redor atenciosos. A Mãe, sentada, tenta impedir que o Pai lhe erga o véu que esconde o rosto.

O Pai – Olhe-a, senhor, olhe-a...

A Mãe – Não, por Deus, pare!

O Pai – Deixe que a vejam! (*Ergue o véu.*)

A Mãe – (*levantando-se e cobrindo o rosto com as mãos, desesperada*) Oh, senhor, suplico-lhe, impeça este homem de realizar seu propósito, que para mim é horrível!

O Diretor – (*surpreso, atônito*) Mas eu não entendo mais onde estamos, nem do que se trata! (*Para o Pai:*) Esta é sua senhora?

O Pai – (*rápido*) Sim, senhor, é minha mulher.

O Diretor – E como então ela é viúva, se o senhor está vivo?

Os Atores extravasam todo seu assombro numa fragorosa risada.

O PAI – (*ferido, ríspido e ressentido*) Não riam! Não riam assim, por favor! É exatamente este o drama, senhor. Ela teve outro homem. Outro homem que deveria estar aqui.

A MÃE – (*com um grito*) Não! Não!

A ENTEADA – Ele teve a sorte de morrer, faz dois meses. Já lhe disse. Ainda estamos de luto, como pode ver.

O PAI – Mas veja, ele não está aqui, não porque esteja morto. Não está aqui porque – olhe-a, senhor, por favor, e logo entenderá! – Seu drama não consistia no amor de dois homens, pelos quais ela não podia sentir nada – a não ser, talvez, um pouco de gratidão (não por mim, mas por ele!). Não é uma esposa, é uma mãe! E todo seu drama – intenso, senhor, intenso! – consiste, de fato, nesses quatro filhos dos dois homens que ela teve.

A MÃE – Que eu tive? Tem a coragem de dizer que fui eu que os tive, como se eu quisesse? Foi ele, senhor! Ele que me impôs aquele outro! Ele me obrigou, me obrigou a ir embora com o outro!

A ENTEADA – (*com ímpeto, indignada*) Não é verdade!

A MÃE – (*surpresa*) Como não é verdade?

A ENTEADA – Não é verdade! Não é verdade!

A MÃE – E o que sabe você?

A ENTEADA – Não é verdade! (*Para o Diretor.*) Não acredite nela! Sabe por que está dizendo isso? Por causa dele! (*aponta o Filho*) Porque se atormenta, se consome por causa do desprezo daquele filho ali, e quer que ele pense que, se o abandonou aos dois anos, foi porque ele (*aponta o Pai*) a obrigou.

A Mãe – (*com energia*) Ele me obrigou, obrigou sim, e invoco Deus como testemunha! (*Para o Diretor:*) Pergunte a ele (*aponta o marido*) se não é verdade! Pergunte!... Ela (*aponta a Filha*) não sabe de nada.

A Enteada – Sei que com meu pai, enquanto estava vivo, você sempre foi feliz e contente. Negue, se puder!

A Mãe – Não, não nego...

A Enteada – Sempre cheio de amor e atenções por você! (*Ao Rapazinho, com raiva:*) Não é verdade? Diga! Por que não fala, tonto?

A Mãe – Deixe o pobre rapaz! Por que você quer que me julguem uma ingrata, filha? Longe de mim querer ofender seu pai! Só respondi que não é por minha culpa nem por minha vontade que abandonei sua casa e meu filho!

O Pai – É verdade, senhor. Fui eu. (*Pausa.*)

O Ator Principal – (*para os colegas*) Mas que espetáculo!

A Atriz Principal – E eles que estão dando para nós!

O Ator Jovem – Pelo menos uma vez!

O Diretor – (*que começa a se interessar vivamente*) Estamos ouvindo! Estamos ouvindo! (*Dizendo isso, desce por uma das escadinhas para a plateia e fica em pé diante do palco, para ter a visão geral da cena como um espectador.*)

O Filho – (*sem sair do lugar, frio, pausado, irônico*) Sim, agora ouçam os rompantes de filosofia! Vai lhes falar do Demônio da Experiência.

O Pai – Você é um cínico imbecil, e já lhe disse isso cem vezes! (*Para o Diretor já na plateia:*) Ele caçoa de mim, senhor, por causa dessa frase que usei para me desculpar.

O Filho – (*com desprezo*) Frases.

O Pai – Frases! Frases! Como se não fosse um consolo para todos, diante de um fato inexplicável, diante de um mal que nos consome, encontrar uma palavra que não significa nada e nos acalma!

A Enteada – O remorso também, e principalmente.

O Pai – O remorso? Não é verdade, não o acalmei em mim apenas com as palavras.

A Enteada – Também com um pouco de dinheiro, sim, sim, também com um pouco de dinheiro! Com as cem liras que ia me oferecer em pagamento, senhores!

Movimento de horror dos Atores.

O Filho – (*com desprezo à meia-irmã*) Que sordidez!

A Enteada – Sordidez? Estavam lá, num envelope azul na mesinha de mogno, lá nos fundos do ateliê de Madame Pace. Sabe, senhor?, uma daquelas madames que, com a desculpa de vender *Robes et*

Manteaux, atraem para seus ateliês moças como eu, pobres e de boa família.

O F ILHO – E comprou o direito de tiranizar a todos nós, com aquelas cem liras que ele ia lhe pagar, e que por sorte depois não teve motivo – prestem atenção – para pagar.

A E NTEADA – É, mas estivemos muito perto disso, sabe? (*Desanda a rir.*)

A M ÃE – (*rebelando-se*) Que vergonha, filha! Que vergonha!

A E NTEADA – (*de rompante*) Vergonha? É minha vingança! Estou vibrando, senhor, vibrando de vontade de viver aquela cena! O quarto... aqui o armário com os casacos, ali o sofá-cama, o espelho, um biombo, e na frente a janela, aquela mesinha de mogno com o envelope azul das cem liras. Ainda o vejo! Poderia pegá-lo! Mas os senhores deviam se virar de costas: estou quase nua! Não enrubesço mais, porque agora é ele quem enrubesce! (*Aponta o Pai.*) Mas eu lhes garanto que ele estava muito, muito pálido naquele momento! (*Para o Diretor.*) Acredite em mim, senhor.

O D IRETOR – Não entendo mais nada!

O P AI – Pois é! Atacado desta maneira! Imponha um pouco de ordem, senhor, e deixe que seja eu a falar, sem dar ouvidos a essa infâmia que ela está insinuando contra mim com tanta ferocidade, sem as devidas explicações.

A E NTEADA – Não invente! Não invente!

O Pai – Não estou inventando! Só quero explicar.

A Enteada – Ah, muito bonito! Do seu jeito!

O Diretor, neste momento, sobe ao palco para impor ordem.

O Pai – Pois aí é que está todo o mal! Nas palavras! Todos temos dentro de nós um mundo de coisas, cada um tem seu mundo de coisas! E como vamos nos entender, senhor, se eu coloco nas palavras que digo o sentido e o valor das coisas tal como são dentro de mim, mas quem ouve inevitavelmente toma-as com o sentido e com o valor que têm para si, no mundo que traz dentro de si? Pensamos que nos entendemos, e nunca nos entendemos! Veja: minha piedade, toda a minha piedade por esta mulher (*aponta a Mãe*) foi recebida por ela como a mais feroz das crueldades.

A Mãe – Mas se você me enxotou!

O Pai – Pois veja só, está ouvindo? Enxotar! Parece-lhe que eu a enxotei?

A Mãe – Você sabe falar, eu não... Mas acredite, senhor, que depois de ter se casado comigo... sabe-se lá por quê (eu era uma mulher pobre, humilde)...

O Pai – Mas exatamente por isso, foi por sua humildade que me casei com você, foi o que amei em você, acreditando... (*Interrompe-se às negativas dela; abre os braços num gesto desesperado, vendo a impossibilidade de que ela o entenda, e se dirige ao Diretor.*) Não, está vendo? Ela diz que não! É assustadora, senhor, acredite, assustadora (*dá um tapa na testa*), a surdez dela, a surdez mental! Coração, sim, para os filhos! Mas surda, surda de cabeça, surda, senhor, de dar desespero!

A Enteada – Sim, mas então agora conte a sorte que sua inteligência foi para nós.

O Pai – Se pudéssemos prever todo o mal que pode nascer do bem que julgamos fazer!

Neste ponto, a Atriz Principal que está aflita ao ver o Ator Principal flertando com a Enteada, avança e pergunta ao Diretor:

A Atriz Principal – Desculpe, senhor, o ensaio vai continuar?

O Diretor – Mas claro, claro! Agora me deixe ouvir!

O Ator Jovem – É um caso tão inédito!

A Atriz Jovem – Interessantíssimo!

A Atriz Principal – Para quem se interessa! (*E lança um olhar para o Ator Principal.*)

O Diretor – (*ao Pai*) Mas o senhor precisa se explicar claramente. (*Vai se sentar.*)

O Pai – Certo. Veja, senhor, eu tinha comigo um pobre homem, meu subalterno, meu secretário, muito dedicado, que se entendia às mil maravilhas com ela (*indica a Mãe*), sem sombra de malícia – note-se bem! – bom, humilde como ela, os dois incapazes de fazer e até de pensar em fazer qualquer mal!

A Enteada – Aí ele pensou pelos dois, e fez!

O Pai – Não é verdade! Minha intenção era lhes fazer o bem – e a mim também, reconheço! Senhor, eu tinha chegado num ponto em que não podia dizer uma palavra a qualquer um dos dois, e imediatamente trocavam um olhar de entendimento; ela procurava o olhar dele para saber como devia entender o que eu tinha dito, para não me irritar. Bastava isso, o senhor entende, para eu ficar numa irritação constante, num estado de exasperação intolerável!

O Diretor – E por que, desculpe perguntar, não mandou embora esse seu secretário?

O Pai – Exato! Mandei embora sim, de fato, senhor! Mas então eu vi essa pobre mulher ficar pela casa como se estivesse perdida, como um daqueles animais sem dono que a gente acolhe por caridade.

A Mãe – Ah, sim, até parece!

O Pai – (*rápido, virando-se para ela, como que se antecipando*) O Filho, não é verdade?

A Mãe – Antes ele tinha me tirado o filho do peito, senhor.

O Pai – Mas não por crueldade! Para que crescesse sadio e robusto, em contato com a terra.

A Enteada – (*aponta-o irônica*) Bem se vê!

O Pai – (*rápido*) E agora é culpa minha se depois ele cresceu assim? Entreguei-o a uma ama de leite no campo, senhor, uma camponesa, pois ela (*apontando a Mãe*) não me parecia muito forte, apesar de humilde de nascimento. Foi pela mesma razão que me casei com ela. Caprichos, talvez, mas fazer o quê? Sempre tive essas malditas aspirações a uma sólida saúde moral! (*A Enteada, então, cai de novo numa gargalhada.*) Mande ela parar! É insuportável.

O DIRETOR – Pare com isso! Deixe-me ouvir, santo Deus!

À repreensão do Diretor, imediatamente ela fica de novo distraída e distante, com o riso ao meio. O Diretor desce do palco para ter a visão geral da cena.

O PAI – Eu não conseguia mais ficar ao lado desta mulher. (*Indica a Mãe.*) Mas, acredite, não tanto pelo incômodo, pelo sufoco – verdadeiro sufoco – que eu sentia, mas mais pela pena – uma pena angustiada – que sentia por ela.

A MÃE – E me mandou embora!

O PAI – Bem abastecida de tudo, para aquele homem, sim, senhor – para livrá-la de mim!

A MÃE – E ele se livrar!

O PAI – Sim, senhor, eu também – reconheço! E seguiu-se um grande mal. Mas eu fiz por bem... e mais por ela do que por mim, juro! (*Põe as mãos em cruz no peito; depois, dirigindo-se à Mãe:*) Nunca te perdi de vista, diga, nunca te perdi de vista, até o momento em que ele te levou embora, de um dia para o outro, sem que eu soubesse, para outro lugar, tolamente impressionado com aquele meu interesse puro, puro, senhor, acredite, sem nenhuma segunda intenção. Eu me interessei com uma incrível ternura pela nova família que crescia. E isso ela também pode lhe garantir! (*Aponta a Enteada.*)

A Enteada – E como! Pequenina, pequenina, sabe? Com as trancinhas pelas costas e as calcinhas mais compridas do que a saia – deste tamanhinho – eu o via na frente do portão da escola, na hora da saída. Vinha ver como eu estava crescendo.

O Pai – Isto é pérfido! Infame!

A Enteada – Não, por quê?

O Pai – Infame! Infame! (*Depressa, exaltado, para o Diretor, em tom de explicação:*) Minha casa, senhor, depois que ela saiu (*indica a Mãe*), logo me pareceu vazia. Ela era meu pesadelo, mas a preenchia! Sozinho, fiquei pelos quartos como uma mosca sem cabeça. Aquele ali (*indica o Filho*), criado fora – não sei – voltando para casa, não parecia mais meu filho. Sem a mãe entre mim e ele, cresceu sozinho, à parte, sem nenhuma relação afetiva nem intelectual comigo. E então (pode parecer estranho, senhor, mas é assim), no começo fiquei curioso, depois me senti atraído aos poucos pela família dela, nascida por obra minha: esse pensamento começou a preencher o vazio que sentia em volta. Eu precisava, precisava mesmo acreditar que ela estava em paz, ocupada com os cuidados mais simples da vida, feliz por estar fora e distante dos complicados tormentos do meu espírito. E para tirar a prova, ia ver aquela menina na saída da escola.

A Enteada – Sim! Seguia-me pela rua, sorria para mim e, chegando em casa, se despedia com a mão – assim! Eu o olhava assustada, desconfiada. Não sabia quem era! Contei para minha mãe. E ela logo deve ter compreendido que era ele. (*A Mãe concorda com a cabeça.*) Primeiro ela não me deixou mais ir à escola, por vários dias. Quando voltei, encontrei-o de novo na saída – cômico! – com um pacote embrulhado nas mãos. Aproximou-se, me fez um carinho e tirou do pacote um belo chapéu de palha de Florença com uma pequena guirlanda de rosinhas de maio – para mim!

O Diretor – Mas tudo isso é história, meus senhores!

O Filho – (*com desprezo*) Sim, literatura! Literatura!

O Pai – Mas que literatura que nada! Isso é vida, senhor! Paixão!

O Diretor – Até pode ser! Mas irrepresentável!

O Pai – Concordo, senhor! Porque tudo isso aconteceu antes. E não digo para representar isso. Como o senhor vê, de fato ela (*indica a Enteada*) não é mais aquela garotinha de trancinhas nas costas...

A Enteada – ...e as calcinhas aparecendo!

O Pai – O drama começa agora, senhor! Novo, complexo...

A Enteada – (*sombria, altiva, avançando*) ...assim que meu pai morreu...

O Pai – (*rápido, para não lhe dar tempo de falar*) ...a miséria, senhor! Eles voltam para cá, sem eu saber. Por tolice dela. (*Indica a Mãe.*) Mal sabe escrever, mas podia pedir que a filha ou o rapaz me escrevesse, contando que passavam necessidade!

A Mãe – Diga-me o senhor, se eu podia adivinhar todo esse sentimento nele.

O Pai – Foi justamente aí que você errou, nunca ter adivinhado nenhum de meus sentimentos!

A Mãe – Depois de tantos anos longe, e tudo o que tinha acontecido...

O Pai – E é culpa minha se aquele bom homem levou vocês embora assim? (*Dirigindo-se ao Diretor:*) E lhe digo, de um dia para o outro... porque tinha encontrado não sei qual emprego fora daqui. Não consegui localizá-los, e então é claro que meu interesse foi diminuindo, em tantos anos. O drama explode, senhor, imprevisto e violento, na volta deles, quando eu, infelizmente, impelido pela miséria da minha carne ainda viva... Ah, miséria, miséria mesmo, para um homem sozinho, que não quis ligações degradantes; não tão velho para poder passar sem mulher, não tão jovem para poder ir atrás delas sem vergonha! Miséria? O que estou dizendo! Horror, horror: porque nenhuma mulher vai mais lhe dar amor. E quando a gente entende isso, deveria desistir... Que nada! Senhor, cada um – por fora, na frente dos outros – se reveste de dignidade, mas por dentro sabe muito bem o que se passa na própria intimidade, tudo o que há de inconfessável. Cede-se, cede-se à tentação; logo depois a gente se reergue, talvez, com pressa em recompor nossa dignidade, íntegra e sólida, como uma pedra sobre um túmulo, que oculta e sepulta a nossos próprios olhos qualquer sinal e até a lembrança da vergonha. É assim com todos! Falta apenas a coragem de dizer certas coisas!

A Enteada – Porque coragem de fazer, afinal, todos têm!

O Pai – Todos! Mas escondido! E por isso é preciso muita coragem para dizê-las! Pois basta que alguém diga – fiz! – e já lhe pespegam a pecha de cínico. Mas não é verdade, senhor: é como todos os outros; aliás melhor, até melhor, porque não tem medo de revelar com a luz da inteligência o rubor da vergonha, lá, na bestialidade humana, que sempre fecha os olhos para não ver. A mulher – sim – a mulher, de fato, como faz? Ela nos olha, provocadora, convidativa. E a agarramos! Mal a abraçamos, já fecha os olhos. É o sinal de sua submissão. O sinal com que diz ao homem: "Fique cego, sou cega!".

A Enteada – E quando não fecha mais? Quando não sente mais a necessidade de esconder de si mesma, fechando os olhos, o rubor de sua vergonha, mas vê, agora com olhos secos e impassíveis, o rubor do homem, que mesmo sem amor ficou cego? Ah, que nojo, quanto nojo de todas essas complicações intelectuais, de toda essa filosofia que revela o bestial e depois quer salvá-lo, desculpá-lo... Não aguento ouvi-lo, senhor! Porque quando se tem que "simplificar" a vida – assim, bestialmente – eliminando o estorvo "humano" de toda aspiração casta, de todo sentimento puro, idealismos, deveres, o pudor, a vergonha, nada provoca mais desprezo e náusea do que certos remorsos: lágrimas de crocodilo!

O Diretor – Vamos aos fatos, meus senhores, aos fatos! Isso tudo é só discussão!

O Pai – Exato, sim, senhor! Mas um fato é como um saco: vazio, não se sustenta. Para se sustentar, antes é preciso colocar dentro dele a razão e os sentimentos que o determinaram. Eu não podia saber que, depois que aquele lá morreu, eles cairiam na miséria e, para sustentar os filhos, ela (*aponta a Mãe*) iria trabalhar como costureira, e justamente para aquela... Madame Pace!

A Enteada – Costureira fina, saibam os senhores! Na aparência, atende às melhores damas, mas tem tudo montado para que, depois, essas melhores damas sirvam por sua vez a ela... sem prejuízo das outras mais ou menos!

A Mãe – Acredite, senhor, se lhe digo que nem de longe me passou pela cabeça a suspeita de que aquela megera me dava trabalho porque estava de olho na minha filha...

A Enteada – Pobre mamãe! Sabe, senhor, o que aquela fulana fazia quando eu ia entregar o trabalho de minha mãe? Mostrava os defeitos da roupa que tinha dado para minha mãe costurar; e descontava, descontava. De forma que era eu que pagava, o senhor entende, enquanto aquela pobrezinha achava que estava se sacrificando por mim e por esses dois, costurando até tarde da noite as coisas da Madame Pace!

Gestos e exclamações de desprezo dos Atores.

O Diretor – (*imediatamente*) E lá, um dia, a senhorita encontrou...

A Enteada – (*indicando o Pai*) ...ele, ele, sim, senhor! velho cliente! Precisava ver a cena! Esplêndida!

O Pai – Com a chegada dela, da mãe...

A Enteada – (*rápida e pérfida*) ...quase a tempo!...

O Pai – (*gritando*) ...não! Em tempo, em tempo! Porque, por sorte, eu a reconheci em tempo! E levei-as de volta para casa, senhor! O senhor imagine, agora, nossa situação, a minha e a dela, um diante do outro: ela, tal como a vê; e eu que não posso mais encará-la!

A Enteada – Engraçadíssimo! Mas, senhor, pode-se pretender de mim – "depois" – que eu me comporte como uma senhorita recatada, bem-educada e virtuosa, segundo suas malditas aspirações "a uma sólida saúde moral"?

O Pai – O drama para mim, senhor, é o seguinte: é minha consciência de que cada um de nós – veja – acredita ser "um", mas não é verdade: é "muitos", senhor, "muitos", segundo todas as possibilidades de ser que existem em nós: "um" com isso, "um" com aquilo, totalmente diferentes! E com a ilusão, porém, de sermos sempre "um para todos", e sermos sempre "este um" em todas as nossas ações. Não é verdade! Não é verdade! E isso fica bem claro quando, em alguma de nossas ações, por um acaso muito infeliz, de repente ficamos como que presos e suspensos: quer dizer, percebemos que não estamos por inteiro naquela ação, e então seria uma grande injustiça sermos julgados apenas por ela, mantermo-nos presos e imobilizados no pelourinho, por uma vida inteira, como se ela se resumisse totalmente naquela ação! Agora o senhor entende a perfídia desta moça? Ela me surpreendeu num local, numa ação, onde e como não devia me encontrar, como eu não podia ser para ela; e quer me atribuir uma realidade que eu jamais esperaria ter de assumir para ela, num momento fugaz, vergonhoso, de minha vida! É isso, senhor, é isso o que eu mais lamento. E o senhor verá que é isso que vai conferir um enorme valor ao drama. Mas há também a situação dos outros! A dele... (*indica o Filho.*)

O FILHO – (*reagindo com desdém*) Deixe-me em paz, pois não tenho nada a ver com isso!

O PAI – Como não tem nada a ver?

O FILHO – Não tenho e não quero ter nada a ver, porque sabe muito bem que não nasci para estar aqui no meio de vocês!

A ENTEADA – Vulgares nós, fino ele! Mas o senhor pode ver que, todas as vezes que o olho para imobilizá-lo com meu desprezo, ele sempre abaixa os olhos, porque sabe o mal que me fez.

O FILHO – (*olhando-a de revés*) Eu?

A ENTEADA – Você! Você! É a você que devo, meu caro, rodar a bolsinha! A você! (*Gesto de horror dos Atores.*) Com sua atitude você não nos vetou – não digo a intimidade da casa – mas aquela simples caridade de receber um hóspede? Éramos os intrusos, que vinham invadir o reino de sua "legitimidade"! Senhor, gostaria que assistisse a algumas cenazinhas, apenas entre nós dois, eu e ele! Ele diz que tiranizei todos. Mas entende? Foi justamente por causa dessa atitude que utilizei aquela razão que ele chama de "sórdida", a razão pela qual entrei em seu lar com minha mãe – que também é mãe dele – como dona!

O Filho – (*adiantando-se devagar*) Todos têm seus trunfos, senhor, é fácil estarem todos contra mim. Mas o senhor imagine um filho que, num belo dia, estando tranquilo em casa, tem de receber uma senhorita toda petulante, "olhando de cima", que lhe pergunta do pai, com quem precisa conversar sei lá o quê; e depois a vê voltar, sempre com o mesmo ar, acompanhada daquela pequenina ali; e por fim tratar o pai – sabe-se lá por quê – de maneira muito ambígua e "desembaraçada", pedindo dinheiro num tom que sugere que ele deve, deve dar, porque tem toda a obrigação de dá-lo...

O Pai – ...mas tenho de fato essa obrigação: é para sua mãe!

O Filho – E que sei eu? Quando foi que eu a vi, senhor? Quando ouvi falar dela? Um dia vejo-a aparecer com ela (*indica a Enteada*), com aquele rapaz, com aquela menina, e me dizem: "Ei, sabia? Essa aqui também é sua mãe!" Pelas maneiras dela (*aponta novamente a Enteada*), começo a perceber por que, de um dia para o outro, entram em casa... O que eu sinto, senhor, não posso e não quero exprimir. Poderia no máximo confidenciar, mas não gostaria, nem para mim mesmo. Portanto, como vê, não pode gerar nenhuma ação de minha parte. Acredite, acredite, senhor, que sou um personagem não "realizado" dramaticamente, e que passo mal, muito mal, na companhia deles! Deixem-me em paz!

O Pai – Mas como? Desculpe! Se é justamente porque você é assim...

O Filho – (*com violenta exasperação*) ...e o que sabe você como eu sou? Desde quando se preocupa comigo?

O Pai – Admito! Admito! E não é também uma situação? Esse seu distanciamento, tão cruel para mim, para sua mãe que, voltando para casa, vê você quase pela primeira vez, tão crescido, e não o conhece, mas sabe que você é filho dela... (*apontando a Mãe para o Diretor:*) Veja, ela chora!

A Enteada – (*batendo o pé com raiva*) Como uma tola!

O Pai – (*logo aponta-a também para o Diretor*) E ela não suporta isso, sabemos! (*Voltando a se referir ao Filho:*) Ele diz que não tem nada a ver, mas é ele praticamente o eixo da ação! Olhe aquele rapaz, que está sempre junto da mãe, amedrontado, humilhado... Está assim por causa dele! Talvez a situação mais penosa seja a dele: sente-se um estranho, mais do que todos; e sente, pobrezinho, uma mortificação angustiosa por ser acolhido em casa, assim, por caridade... (*Confidencialmente:*) É igualzinho ao pai! Humilde, não fala...

O Diretor – Ei, mas isso não é bom! O senhor não sabe o problema que trazem as crianças em cena.

O Pai – Oh, mas ele logo termina o problema, sabe! E aquela menina, que aliás é a primeira a sair...

O Diretor – Ótimo! E lhe garanto que tudo isso me interessa, interessa vivamente. Percebo, percebo que há material para render um belo drama!

A Enteada – (*tentando se intrometer*) Com um personagem como eu!

O Pai – (*afastando-a, muito ansioso com a decisão do Diretor*) Você, fique quieta!

O Diretor – (*continuando, sem se importar com a interrupção*) Novo, sim...

O Pai – É, novíssimo, senhor!

O Diretor – Mas é preciso muita coragem – devo dizer – para me trazê-lo aqui, assim...

O Pai – Entenda, senhor: nascemos para o palco...

O Diretor – São artistas amadores?

O Pai – Não: digo que nascemos para o palco porque...

O Diretor – Ora, o senhor já deve ter representado!

O Pai – Mas não, senhor: só aquilo que cada um representa no papel que lhe é atribuído, ou que os outros lhe atribuíram na vida. E em mim, além do mais, é a própria paixão, veja, que se torna sempre, por si só, quando nos exaltamos, como todos, um pouco teatral...

O Diretor – Está bem, está bem! Mas o senhor há de entender que, sem autor... Posso encaminhá-lo para alguém...

O Pai – Mas não: seja o senhor!

O Diretor – Eu? Mas o que está dizendo?

O Pai – Sim, o senhor! Por que não?

O Diretor – Porque nunca fui autor!

O Pai – Mas me desculpe, não poderia ser agora? Não precisa de nada. Tantos são! E o fato de estarmos aqui, vivos, à sua frente, facilita sua tarefa.

O Diretor – Mas não é suficiente!

O Pai – Como não é suficiente? Vendo-nos viver nosso drama...

O Diretor – Certo. Mas mesmo assim alguém precisa escrevê-lo!

O Pai – Não, precisa no máximo transcrever, tendo-o assim, diante de si, em ação, cena por cena. Basta traçar um esquema geral, e tentar!

O Diretor – (*subindo, tentado, ao palco*) Pois... quem sabe, fico com vontade... Assim, por brincadeira... Poderíamos de fato tentar...

O Pai – Isso, isso mesmo, senhor! Verá as cenas que surgirão! Já posso eu mesmo indicá-las.

O Diretor – Dá vontade... dá vontade. Vamos experimentar... Venha comigo ao meu camarim. (*Dirigindo-se aos Atores:*) Podem tirar um intervalo, mas não se afastem muito. Daqui a uns quinze, vinte minutos, estaremos aqui de novo. (*Ao Pai:*) Vamos ver, vamos tentar... Talvez saia algo realmente extraordinário.

O Pai – Mas sem dúvida! Seria melhor, não acha, que eles viessem também? (*Indica os outros Personagens.*)

O Diretor – Sim, venham! (*Indo para a saída, mas depois se dirigindo de novo aos Atores:*) Atenção, hein! Sejam pontuais. Daqui a quinze minutos.

O Diretor e os Seis Personagens atravessam o palco e desaparecem. Os Atores permanecem meio aturdidos, entreolhando-se.

O Ator Principal – Mas ele está falando sério? O que pretende fazer?

O Ator Jovem – Isso é loucura, e das grandes.

Um Terceiro Ator – Ele quer que a gente improvise um drama, assim do nada?

O Ator Jovem – É! Como os da Commedia dell'arte!

A Atriz Principal – Ah, se ele acha que vou me prestar a tais brincadeiras...

A Atriz Jovem – Eu também não quero nada com isso!

O Quarto Ator – Queria saber quem são aqueles lá. (*Referindo-se aos Personagens.*)

O Terceiro Ator – Quem você imagina que sejam! Loucos ou embusteiros!

O Ator Jovem – E ele se dispõe a lhes dar ouvidos?

A Atriz Jovem – A vaidade! A vaidade de aparecer como autor...

O Ator Principal – Mas que coisa mais extraordinária! Se o teatro, meus senhores, for se reduzir a isso...

Um Quinto Ator – Eu estou me divertindo!

O Terceiro Ator – Quem sabe! Enfim, vamos ver o que sai disso.

E assim, conversando entre si, os Atores saem do palco, alguns pela portinha no fundo, outros voltando aos camarins.

O pano continua levantado.

A representação se interrompe por uns vinte minutos.

A campainha do teatro avisa que a representação vai recomeçar.

Voltam ao palco, vindo dos camarins, pela porta e também pela plateia, os Atores, o Diretor de Cena, o Maquinista, o Ponto, o Contrarregra e, simultaneamente, o Diretor com os Seis Personagens, do camarim.

Apagadas as luzes da sala, o palco se ilumina com a mesma luz de antes.

O Diretor – Vamos, vamos, senhores! Estamos todos aqui? Atenção, atenção. Vamos começar! Maquinista!

O Maquinista – Estou aqui!

O Diretor – Prepare já o cenário da saleta. Bastam duas laterais e um fundo com a porta. Rápido, por favor!

O Maquinista obedece ligeiro e, enquanto o Diretor combina com o Diretor de Cena, o Contrarregra, o Ponto e os Atores a iminente representação, vai montar o cenário solicitado: duas laterais e um fundo com a porta, com faixas rosadas e douradas.

O Diretor – (*Para o Contrarregra*) Vá ver se há um sofá no depósito.

O Contrarregra – Sim, senhor, tem aquele verde.

A Enteada – Não, não, verde que nada! Era amarelo, florido, de veludo, e bem grande! Muito confortável.

O Contrarregra – Ah, assim não tem.

O Diretor – Não faz diferença! Ponha o que tem aí.

A Enteada – Como não faz diferença? O famoso canapé da Madame Pace!

O Diretor – Agora vamos ensaiar! Peço-lhe que não interfira! (*Para o Diretor de Cena*) Veja se há uma cristaleira, de preferência comprida e baixa.

A Enteada – A mesinha, a mesinha de mogno para o envelope azul.

O Diretor de Cena – (*para o Diretor*) Tem aquela pequena, dourada.

O Diretor – Está bem, pegue aquela!

O Pai – Uma penteadeira.

A Enteada – E o biombo! Um biombo, não esqueçam: se não, como vou fazer?

O Diretor de Cena – Sim, senhora, biombos temos muitos, pode acreditar.

O Diretor – (*para a Enteada*) E alguns cabides também, não é?

A Enteada – Sim, muitos, muitos!

O Diretor – (*para o Diretor de Cena*) Veja quantos tem, e mande trazer.

O Diretor de Cena – Sim, senhor, vou providenciar!

O Diretor de Cena também se apressa em executar as ordens; enquanto o Diretor continua a falar com o Ponto e depois com os Personagens e os Atores, ele manda os Ajudantes de Palco trazerem os móveis solicitados e monta como acha mais adequado.

O Diretor – (*para o Ponto*) O senhor, tome seu lugar. Pegue aqui, é o esquema geral das cenas, ato por ato. (*Entrega-lhe algumas folhas de papel.*) Mas agora o senhor precisa fazer uma proeza.

O Ponto – Taquigrafar?

O Diretor – (*com agradável surpresa*) Ah, muito bem! Sabe taquigrafia?

O Ponto – Talvez eu não saiba soprar, mas taquigrafar...

O Diretor – Melhor ainda! (*Dirigindo-se a um Ajudante de Palco:*) Vá buscar papel no meu camarim, muito, muito, tudo o que encontrar!

O Ajudante corre e volta logo a seguir com um grande maço de folhas de papel, que entrega ao Ponto.

O Diretor – (*prosseguindo, para o Ponto*) Siga as cenas, conforme forem representadas, e tente anotar as falas, pelo menos as mais importantes! (*Depois, dirigindo-se aos Atores:*) Abram espaço, senhores! Isso, fiquem ali (*aponta à sua esquerda*) e prestem bastante atenção!

A Atriz Principal – Mas, desculpe, nós...

O Diretor – (*atalhando*) Não precisarão improvisar, fique tranquila!

O Ator Principal – E vamos fazer o quê?

O Diretor – Nada! Ficar ouvindo e olhando, por enquanto! Depois cada um terá seu papel por escrito. Agora é só uma amostra, como der! Eles vão fazer! (*Indica os Personagens.*)

O Pai – (*Como se caísse das nuvens no meio da confusão do palco.*) Nós? Desculpe, o que quer dizer com uma amostra?

O Diretor – Uma amostra, uma amostra para eles! (*Aponta os Atores.*)

O Pai – Mas se somos nós os personagens...

O Diretor – Certo, "os personagens"; mas aqui, caro senhor, não são os personagens que representam. São os atores. Os personagens ficam ali no roteiro (*indica a caixa do Ponto*), quando há roteiro!

O Pai – Justamente! Como não há roteiro, e os senhores têm a sorte de dispor dos personagens aqui, vivos, à sua frente...

O Diretor – Ah, que beleza! Querem fazer tudo sozinhos? Interpretar, se apresentar diante do público?

O Pai – Claro, assim como somos.

O Diretor – Ah, garanto-lhe que dariam um belíssimo espetáculo!

O Ator Principal – E nós, o que ficaríamos fazendo aqui, então?

O Diretor – Os senhores não estão pensando que sabem representar, não é? É de dar risada... (*Os Atores de fato riem.*) Olhem só, estão rindo! (*Lembrando-se:*) Ah, sim, aliás temos de distribuir os papéis. É fácil; já estão distribuídos por si sós: (*dirigindo-se à Segunda Atriz*) a senhora é A Mãe. (*Para o Pai:*) Temos de achar um nome para ela.

O Pai – Amália, senhor.

O Diretor – Mas este é o nome de sua esposa. Não vamos querer lhe dar seu verdadeiro nome!

O Pai – E por que não, me desculpe? Se ela se chama assim... Isso, tem de ser a senhora... (*Num leve gesto indica a Segunda Atriz*). Eu vejo esta (*indica a Mãe*) como Amália, senhor. Mas como preferir... (*fica cada vez mais desorientado.*) Não sei mais o que lhe dizer... Já começo... não sei, a sentir minhas próprias palavras com outro som, falsas.

O Diretor – Não se preocupe, quanto a isso não se preocupe! Nós é que cuidaremos de encontrar o tom certo! E quanto ao nome, se o senhor quer "Amália", fica Amália, ou encontraremos outro. Por enquanto chamaremos os personagens assim: (*para o Ator Jovem*) o senhor, O Filho; (*para a Atriz Principal*) a senhorita, claro, A Enteada.

A Enteada – (*divertida*) Como, como? Eu, essa aí? (*desata a rir.*)

O Diretor – (*irritado*) Qual é a graça?

A Atriz Principal – (*indignada*) Ninguém jamais ousou rir de mim! Exijo que me respeitem, ou vou embora!

A Enteada – Ora, desculpe-me, não estou rindo da senhora.

O Diretor – (*para a Enteada*) Deveria se sentir honrada por ser interpretada por...

A Atriz Principal – (*imediatamente, com desdém*) ... "essa aí!"

A Enteada – Eu não falava da senhora, acredite! Falava de mim, que não me vejo de maneira nenhuma na senhora, é isso. Não sei, não... não se parece nada comigo!

O Pai – Sim, é isso, veja, senhor! Nossa expressão...

O Diretor – ...mas que expressão é essa! Os senhores acham que trazem a expressão em si? Nada disso!

O Pai – Como? Não temos nossa expressão?

O Diretor – Claro que não! A expressão de vocês se torna material aqui, ao qual os atores dão corpo e forma, voz e gesto, e eles – para seu governo – souberam dar expressão a materiais bem mais elevados: enquanto o de vocês é tão reduzido que, se se sustentar em cena, todo o mérito será de meus atores, tenha certeza.

O Pai – Não ouso contradizê-lo, senhor. Mas creia que é um sofrimento horrível para nós, que somos assim como nos vê, com este corpo, com esta aparência...

O Diretor – (*cortando, impaciente*) ...a aparência, caro senhor, a maquiagem resolve, a maquiagem resolve!

O Pai – Sim, mas a voz, o gesto...

O Diretor – Oh, chega! Aqui o senhor, enquanto tal, não pode ficar! Aqui é o ator que o representa, e ponto final!

O Pai – Entendi, senhor. Mas agora acho que estou entendendo por que nosso autor, que nos viu assim tão vivos, depois não quis nos colocar em cena. Não quero ofender seus atores. Deus me livre! Mas penso que me ver agora representado... não sei por quem...

O Ator Principal – (*com altivez, levantando-se e indo até ele, acompanhado pelas alegres Atrizes jovens que riem*) Por mim, se não lhe desagrada.

O Pai – (*humilde e melífluo*) Fico muito honrado, senhor. (*Inclina-se*) Bem, penso que, por mais que o senhor se esforce com toda sua vontade e arte para me acolher em si... (*Hesita.*)

O Ator Principal – Conclua, conclua.

Risadas das Atrizes.

O Pai – Bem, quero dizer, sua interpretação, mesmo forçando com a maquiagem para se parecer comigo... digo, com essa altura... (*todos os Atores riem*) dificilmente poderá ser uma representação de mim como realmente sou. Será – afora o aspecto – será o que o senhor interpretar de mim, será o que sentir de mim, se sentir, e não como eu me sinto dentro de mim. E me parece que isso deveria ser levado em conta por quem for chamado a nos julgar.

O Diretor – E agora se preocupa com os juízos da crítica? E eu que ainda estava lhe dando ouvidos! Deixe a crítica falar. E nós vamos antes nos preocupar em montar a comédia, se conseguirmos! (*Afastando-se e olhando ao redor:*) Vamos, vamos! O cenário já está pronto? (*Para os Atores e os Personagens.*) Afastem-se, afastem-se! Deixem-me ver. (*Desce do palco.*) Não vamos perder mais tempo! (*Para a Enteada:*) Acha que o cenário está bom assim?

A Enteada – Não sei! Na verdade não me reconheço aí.

O Diretor – Por favor! Não vai querer que aquela saleta dos fundos que a senhorita conhece, da Madame Pace, seja reconstruída aqui tal e qual! (*para o Pai:*) Disse-me que era uma saleta forrada com papel florido?

O Pai – Sim, senhor. Branca.

O Diretor – Não é branca, é listrada, mas pouco importa! Quanto aos móveis, um pelo outro, creio que está bem! Aquela mesinha, ponham um pouco mais para cá, na frente. (*Os Ajudantes obedecem. Para o Contrarregra:*) O senhor, então, providencie um envelope, de preferência azul, e entregue para o senhor. (*Indica o Pai.*)

O Contrarregra – De carta?

O Diretor e o pai – De carta, de carta.

O Contrarregra – Imediatamente. (*Sai.*)

O Diretor – Vamos, vamos! A primeira cena é da Senhorita (*A Atriz Principal avança.*) Não, a senhora espere! Eu falava com a Senhorita (*Indica a Enteada.*) A senhora fica olhando...

A Enteada – (*acrescentando rápido*) ...como eu vivo!

A Atriz Principal – (*ressentida*) Eu também saberei vivê-la, não duvide, assim que eu começar!

O Diretor – (*com as mãos na cabeça*) Meus senhores, chega de conversa! Portanto, a primeira cena é da Senhorita com a Madame Pace. Oh, (*confuso, olhando em torno, volta para o palco*) e a tal Madame Pace?

O Pai – Não está conosco, senhor.

O Diretor – E como faremos?

O Pai – Mas ela está viva, ela também!

O Diretor – Sim, mas onde está?

O Pai – Pode deixar. (*Dirigindo-se às Atrizes:*) Se as senhoras me fizessem a gentileza de me emprestar os chapéus por um instante.

As Atrizes – (*um pouco surpresas, um pouco risonhas, em coro*)
– O quê?
– Os chapéus?
– Mas o que está dizendo?
– Por quê?
– Ora veja!

O Diretor – O que quer com os chapéus das senhoras?

Os Atores riem.

O Pai – Ah, nada, colocá-los um instante nestes cabides. E alguma terá também de fazer a gentileza de tirar o casaco.

Os Atores – (*c.a.*) – O casaco também?
– E depois?
– Deve estar louco!

Algumas atrizes – (*c.a.*) – Mas por quê?
– Só o casaco?

O Pai – Para pendurá-los, um segundinho... Poderiam me fazer esse favor?

As Atrizes – (*tirando os chapéus e algumas também o casaco, continuando a rir, e indo pendurá-los aqui e ali nos cabides*) – E por que não?
– Pronto!
– Mas não é que é engraçado mesmo?
– É para ficar à mostra?

O Pai – Isso, exatamente, senhora, à mostra!

O Diretor – E pode-se saber para que vão servir?

O Pai – É o seguinte, senhor: talvez, preparando melhor o cenário para ela, atraída pelos objetos de seu comércio, quem sabe ela não aparece... (*Mostrando a porta no fundo do palco:*) Olhem! Olhem!

A porta no fundo se abre e entra Madame Pace, avançando alguns passos, uma matrona imensamente gorda, com uma pomposa peruca de lã cor de cenoura e uma rosa flamejante de um lado, à espanhola, toda pintada, com um vestido espalhafatoso de seda vermelha berrante, um leque de plumas numa das mãos e na outra um cigarro aceso entre dois dedos. Àquela aparição, os Atores e o Diretor se jogam fora do palco com um grito de susto, precipitando-se escada abaixo, indicando que vão fugir pelo corredor. A Enteada, enquanto isso, vai ao encontro de Madame Pace, humilde, como se ela fosse sua patroa.

A Enteada – (*apressando-se*) Ela está aqui! Ela está aqui!

O Pai – (*radiante*) É ela! Eu dizia! Ela está aqui!

O Diretor – (*vencendo o susto inicial, indignado*) Mas que truque é esse?

O Ator Principal – (*quase ao mesmo tempo*) Mas onde é que estamos, afinal de contas?

O Ator Jovem – (*c.a.*) De onde surgiu essa aí?

A Atriz Jovem – (*c.a.*) Estavam com ela guardada!

A Atriz Principal – (*c.a.*) É um truque de mágica!

O Pai – (*dominando os protestos*) Com licença! Por que os senhores, em nome de uma verdade vulgar, querem estragar esse autêntico prodígio de uma realidade que nasce, evocada, atraída, formada pela própria cena, que tem mais direito a viver aqui do que os senhores, por ser muito mais verdadeira? Qual atriz fará Madame Pace? Muito bem, Madame Pace é aquela! Os senhores hão de admitir que a atriz que vai interpretá-la será menos verdadeira do que ela, a própria em pessoa! Olhem: minha filha a reconheceu e logo foi até lá! Vejam, vejam a cena!

Hesitantes, o Diretor e os Atores voltam ao palco. Mas a cena entre a Enteada e Madame Pace, durante os protestos dos Atores e a resposta do Pai, já se iniciou, em voz baixa, bem devagar, em suma, naturalmente, como nunca poderia acontecer num palco. Assim, os Atores, quando o Pai lhes chama a atenção e se viram para olhar, veem Madame Pace, que pôs uma mão sob o queixo da Enteada para lhe erguer a cabeça, ouvem--na falar de maneira totalmente ininteligível, ficam atentos por alguns instantes e logo depois desistem, desiludidos.

O Pai – E então?

O Ator Principal – Mas o que ela está dizendo?

A Atriz Principal – Assim não se ouve nada!

O Ator Jovem – Mais alto! Mais alto!

A Enteada – (*deixando Madame Pace, que abre um sorriso incomparável, e avançando até o grupo dos Atores*) "Mais alto", pois sim! Mais alto o quê? Não são coisas que se podem falar alto! Eu pude falar alto para a vergonha dele (*indica o Pai*), que é a minha vingança! Mas para Madame Pace é outra coisa, senhores: é a cadeia!

O Diretor – Ora essa! Ah, é assim? Mas aqui precisam se fazer ouvir, minha cara! Nem nós, no palco, ouvimos! Imagine quando o público estiver no teatro! Precisam fazer a cena. Além disso, vocês podem muito bem falar alto entre si, pois nós não estaremos aqui, como agora, ouvindo: finjam que estão sozinhas, numa saleta, no fundo da loja, sem ninguém a ouvir.

A Enteada, graciosamente, sorrindo maliciosa, move o dedo várias vezes em sinal de não.

O Diretor – Como não?

A Enteada – (*em voz baixa, misteriosamente*) Alguém vai ouvir, senhor, se ela (*aponta a Madame Pace*) falar alto!

O Diretor – (*consternadíssimo*) Vai aparecer mais alguém?

Os Atores ameaçam fugir novamente do palco.

O Pai – Não, não, senhor. Ela se refere a mim. Devo estar lá atrás da porta, à espera, e Madame sabe disso. Aliás, com licença! Já vou me aprontar. (*Começa a ir.*)

O Diretor – (*detendo-o*) Não, espere! Aqui é preciso respeitar as exigências do teatro! Antes de se aprontar...

A Enteada – (*interrompendo-o*) Sim, já! Já! Estou morrendo de impaciência de viver, como disse, de viver esta cena! Se ele já quer se aprontar, estou prontíssima!

O Diretor – (*gritando*) Mas antes a cena entre a senhorita e aquela ali (*indica Madame Pace*) precisa ficar bem clara! Tem como entender isso?

A Enteada – Oh, meu Deus: ela me disse o que o senhor já sabe: que o trabalho de mamãe ficou malfeito de novo, estragou a roupa, e que eu preciso ter paciência, se quiser que ela continue a nos ajudar em nossa miséria.

Madame Pace – (*adiantando-se, com ares de grande importância*) E esto, señor, porqué yo no quero aprovecharme... tirar vantaje...

O Diretor – (*quase horrorizado*) Como, como? Ela fala assim?

Todos os Atores caem na gargalhada.

A Enteada – (*rindo também*) Sim, senhor, fala assim, meio espanholado, de um jeito engraçadíssimo!

Madame Pace – Ah, no me parece buena educación que los senhores ridam de mi, se yo me sfuerzo de hablar como puedo, señor!

O Diretor – Ora, não! Pelo contrário! Fale assim! Fale assim, senhora! Efeito garantido! Aliás, não poderia ser melhor para romper um pouco comicamente a crueza da situação. Fale, fale assim! Está ótimo!

A Enteada – Ótimo! Como não? ouvir certas propostas numa linguagem dessas: efeito garantido, porque parece quase um escárnio, senhor! É de estourar de rir quando ouvimos que há um "viejo señor" que quer "amusarse contigo" – não é verdade, Madame?

Madame Pace – Viejito, siii! Viejito, linda, mas mejor para ti, qué, se no te dá gusto, te traz prudência!

A Mãe – (*insurgindo-se, em meio ao espanto e consternação de todos os Atores, que não se importavam com ela e agora, ao seu grito, dão um salto tentando* *segurá-la, rindo, pois, nesse meio tempo, ela arrancou a peruca de Madame Pace e jogou no chão*) Bruxa! Bruxa! Assassina! Minha filha!

A Enteada – (*correndo para segurar a Mãe*) Não, não, mamãe, não! Pelo amor de Deus!

O Pai – (*também correndo, ao mesmo tempo*) Fique quieta, fique quieta! Sente-se!

A Mãe – Mas então tirem ela da minha frente!

A Enteada – (*para o Diretor, que acorreu também*) Não é possível, não é possível que minha mãe esteja aqui!

O Pai – (*também para o Diretor*) Elas não podem ficar juntas! E por isso, veja, aquela ali não estava conosco quando viemos! Ficando juntas, entende, tudo se antecipa inevitavelmente.

O Diretor – Não faz mal! Não faz mal! Por enquanto é só um primeiro esboço! Tudo serve para eu colher os vários elementos, mesmo confusos. (*Dirigindo-se à Mãe e conduzindo-se de volta à cadeira:*) Vamos, vamos, senhora, se acalme, se acalme: sente-se de novo!

Enquanto isso, a Enteada, voltando ao meio do palco, se dirige a Madame Pace:

A Enteada – Vamos, vamos, então, Madame.

Madame Pace – (*ofendida*) Ah, não, muitas gracias! Yo aqui no faço más nada con tu madre presente.

A Enteada – Ora vamos, mande entrar esse "viejo señor, para qué se amuse con migo"! (*Virando-se para todos, imperiosa*) Afinal, temos de fazer a cena! – Vamos, em frente! (*Para Madame Pace:*) A senhora saia!

Madame Pace – Ah, me voi, me voi, me voi seguramente... (*Sai furiosa apanhando a peruca do chão e olhando com ferocidade os Atores que aplaudem às gargalhadas.*)

A Enteada – (*para o Pai*) E o senhor faça sua entrada! Não precisa se virar! Venha aqui! Finja que entrou! Pronto: fico aqui de cabeça baixa, modesta! E vamos! Solte a voz! Diga numa voz fresca, de quem acaba de vir lá de fora: "Bom dia, senhorita..."

O Diretor – (*já tendo descido do palco*) Ora veja! Afinal, quem dirige: eu ou a senhorita? (*Ao Pai que olha surpreso e perplexo:*) Faça isso, sim: vá até o fundo, sem sair, e volte à frente.

O Pai obedece, quase amedrontado. Extremamente pálido, mas já compenetrado da realidade de sua vida criada, sorri aparecendo no fundo, como que ainda alheio ao drama que se abaterá sobre ele.

Os Atores se põem imediatamente atentos à cena que inicia.

O Diretor – (*baixo, depressa para o Ponto na caixa*) E o senhor, atenção, atenção para começar a anotar!

A CENA

O Pai – (*avançando outra vez com a voz fresca*) Bom dia, senhorita.

A Enteada – (*de cabeça baixa, contendo a repugnância*) Bom dia.

O Pai – (*olhará um pouco para ela, sob o chapéu que quase lhe esconde o rosto, e, percebendo que é muito jovem, exclama como para si mesmo, com um pouco de satisfação, mas também com um pouco de medo em se comprometer numa aventura arriscada*) Ah... mas... não é a primeira vez que a senhorita vem aqui, verdade?

A Enteada – (*c.a.*) Não, senhor.

O Pai – Já veio outras vezes? (*E como a filha assente com a cabeça:*) Mais de uma? (*Espera um pouco a resposta, volta a olhá-la sob o chapéu, sorri e então diz:*) Ora, vamos... então não devia mais ser assim... Posso lhe tirar o chapéu?

A Enteada – (*depressa, esquivando-se, sem conter a repugnância*) Não, senhor: eu mesma tiro! (*Tira rápido, nervosa.*)

A Mãe, assistindo à cena, com o Filho e com os outros dois menores, a que é mais ligada e ficam sempre ao seu lado, do lado oposto ao dos Atores, sente-se em espinhos e acompanha com várias expressões, de dor, desdém, ansiedade, horror, as palavras e as ações daqueles dois, e ora esconde o rosto, ora solta algum gemido.

A Mãe – Oh, meu Deus! Meu Deus!

O Pai – (*ao ouvir o gemido, fica petrificado por um longo momento, depois volta a falar no tom de antes*) Pronto, agora me dê, eu penduro. (*Vai tirar o chapéu de suas mãos.*) Mas eu gostaria que esta linda e querida cabecinha tivesse um chapéu mais digno. Quer me ajudar a escolher algum, depois, entre esses de Madame? Não?

A Atriz Jovem – (*interrompendo*) Ei, cuidado com isso! Aqueles chapéus lá são nossos!

O Diretor – (*rápido e muito irritado*) Silêncio, pelo amor de Deus! Não se faça de engraçadinha! Esta é a cena! (*Dirigindo-se à Enteada*) Continue, por favor, senhorita!

A Enteada – (*continuando*) Não, obrigado, senhor.

O Pai – Oh, não me diga que não! Aceite, senão ficarei sentido... Há alguns muito bonitos, olhe! E além disso Madame ficará contente. Ela os deixa aqui à mostra de propósito!

A Enteada – Não, senhor, veja: eu nem poderia usá-lo.

O Pai – A senhorita está preocupada com o que pensariam em casa, se aparecesse com um chapéu novo? Ora! Sabe como se faz? O que se diz em casa?

A Enteada – (*impaciente, não aguentando mais*) Não é por isso, senhor! Não poderia usá-lo, porque estou... como me vê, já deve ter percebido! (*Mostra o vestido negro.*)

O Pai – De luto, sim! Desculpe-me. É verdade: vejo. Peço desculpas. Acredite, estou realmente mortificado.

A Enteada – (*num esforço, fazendo-se mais ousada, para vencer o desdém e a náusea*) Chega, chega, senhor! Eu é que tenho de lhe agradecer, o senhor não precisa se mortificar nem se afligir. Não se preocupe mais, por favor, com o que eu disse. Também por mim, entende... (*Esforça-se em sorrir e acrescenta:*) É melhor mesmo que eu não lembre que estou assim.

O Diretor – (*interrompendo, dirigindo-se ao Ponto na caixa e voltando a subir no palco*) Espere, espere! Não anote, deixe de lado, deixe de lado esta última fala! (*Dirigindo-se ao Pai e à Enteada:*) Está muito bom! Muito bom! (*Depois apenas para o Pai:*) Aqui o senhor continua depois como combinamos! (*Para os Atores:*) Muito graciosa essa pequena cena do chapéu, não acham?

A Enteada – Ei, mas o melhor vem agora! Por que não continuamos?

O Diretor – Tenha um pouco de paciência! (*De novo para os Atores:*) Deve ser conduzida, naturalmente, com um pouco de leveza...

O Ator Principal – ...de desenvoltura, sim.

A Atriz Principal – É, é bem fácil! (*Para o Ator Principal:*) Podemos ensaiá-la já, não?

O Ator Principal – Por mim, sim... Pronto, vou fazer a entrada! (*Sai para se aprontar e entrar pela porta do fundo.*)

O Diretor – (*para a Atriz Principal*) Então, veja, terminou a cena entre ela e Madame Pace, que depois eu escrevo. A senhora fique... Espere aí, aonde vai?

A Atriz Principal – Vou pôr de volta o chapéu... (*Vai pegar o chapéu no cabide.*)

O Diretor – Ah, sim, muito bem! Então, a senhora fica aqui de cabeça baixa.

A Enteada – (*divertindo-se*) Mas se nem está de preto!

A Atriz Principal – Estarei de preto, e muito mais adequadamente vestida do que a senhorita.

O Diretor – (*para a Enteada*) Quieta, por favor! E assista! Tem muito a aprender! (*Batendo palmas:*) Vamos! Vamos! A entrada!

E desce novamente do palco para ter a visão da cena. A porta do fundo se abre e entra o Ator Principal, com ar desenvolto, malandro, de um velhote galante. A cena interpretada pelos Atores parece muito diferente desde as primeiras falas, mas sem o mais leve ar de uma paródia; parece, antes, uma versão embelezada. Naturalmente, a Enteada e o Pai, não conseguindo se reconhecer em absoluto nos dois Atores Principais, ouvindo-os falar suas próprias palavras, expressam variadamente, ora com gestos, ora com sorrisos, ora com francos protestos, suas impressões de surpresa, espanto, sofrimento etc. diante das cenas, como se verá mais adiante. A voz do Ponto na caixa se ouve claramente.

O Ator Principal – "Bom dia, senhorita..."

O Pai – (*imediatamente, não conseguindo se conter*) Não!

A Enteada, vendo o Ator Principal entrar daquela forma, desanda a rir.

O Diretor – (*enfurecido*) Vamos fazer silêncio! E a senhorita, de uma vez por todas, pare de dar risada! Assim não dá para continuar!

A Enteada – (*vindo do proscênio*) Desculpe, é muito natural, senhor! A senhorita (*indica a Atriz Principal*) está ali parada, no lugar; mas, se ela faz meu papel, posso lhe garantir que, se eu ouvisse me dizerem "bom dia" daquela maneira e naquele tom, desataria a rir, exatamente como fiz!

O Pai – (*também avançando um pouco*) Isso, sim... o ar, o tom...

O Diretor – Mas que ar, que tom! Agora fiquem de lado e me deixem ver o ensaio!

O Ator Principal – (*adiantando-se*) Se é para eu representar um velho, que vem a uma casa de má fama...

O Diretor – Está bem, não dê atenção, por favor! Recomece, recomece, que está muito bom! (*Aguardando que o ator recomece:*) Então...

O Ator Principal – "Bom dia, senhorita..."

A Atriz Principal – "Bom dia..."

O Ator Principal – (*refazendo o gesto do Pai, isto é, olhando sob o chapéu e expressando claramente antes* *a satisfação e depois o medo*) "Ah... mas... não é a primeira vez que a senhorita vem aqui, certo?"

O Pai – (*Corrigindo, irresistivelmente*) Não "certo?", mas "verdade?", "verdade?".

O Diretor – Diz "verdade", interrogação.

O Ator Principal – (*para o Ponto*) Eu ouvi "certo?".

O Diretor – Ora, tanto faz!, "verdade" ou "certo". Continue, continue. Talvez um pouco menos caricato... Veja, vou fazer, preste atenção... (*Volta ao palco, e faz o papel desde a entrada:*) "Bom dia, senhorita..."

A Atriz Principal – "Bom dia."

O Diretor – "Ah... mas..." (*Dirigindo-se ao Ator Principal para lhe mostrar como deve olhar a Primeira Atriz sob o chapéu:*) Surpresa... medo... satisfação... (*Depois, retomando, dirige-se à Atriz Principal:*) "Não é a primeira vez que a senhorita vem aqui, verdade?" (*De novo, dirigindo-se indagador ao Ator Principal:*) Entendeu? (*Para a Atriz Principal:*) E a senhora, então: "Não, senhor". (*Novamente para o Ator Principal:*) Enfim, como dizer... *Souplesse*! (*E desce outra vez do palco*).

A Atriz Principal – "Não, senhor..."

O Ator Principal – "Já veio outras vezes? Mais de uma?"

O Diretor – Não, espere! Deixe que ela (*indica a Atriz Principal*) antes concorde com a cabeça. "Já veio outras vezes?"

A Atriz Principal levanta um pouco a cabeça, cerra lentamente os olhos com ar de desgosto e depois, a um "abaixe" do Diretor, assente duas vezes com a cabeça.

A Enteada – (*não resistindo*) Oh, meu Deus! (*E põe a mão na boca para reprimir o riso.*)

O Diretor – (*virando-se*) O que foi?

A Enteada – (*depressa*) Nada, nada!

O Diretor – (*Para o Ator Principal*) É sua vez, sua vez, continue!

O Ator Principal – "Mais de uma? Ora, vamos... então não devia mais ser assim... Posso lhe tirar o chapéu?"

O Ator Principal diz essa última fala em tal tom, acompanhando com tal gesto, que a Enteada, tampando a boca com as mãos, por mais que queira se controlar, não consegue mais abafar a risada, e estoura numa gargalhada irresistível.

A Atriz Principal – (*indignada, voltando a seu lugar*) Ah, eu não estou aqui para me fazer de palhaça para essa aí!

O Ator Principal – E nem eu! Terminamos!

O Diretor – (*para a Enteada, gritando*) Pare com isso! Pare com isso!

A Enteada – Sim, desculpe-me... desculpe-me...

O Diretor – A senhorita é uma malcriada! Isso é o que é! Uma presunçosa!

O Pai – (*tentando intervir*) Sim, senhor, é verdade, é verdade, mas a perdoe...

O Diretor – (*voltando a subir no palco*) Quer que perdoe o quê?! É uma indecência!

O Pai – Sim, senhor, mas acredite, o efeito é tão estranho...

O Diretor – Estranho? Como, estranho? Por que estranho?

O Pai – Eu admiro, senhor, seus atores: o Senhor ali (*aponta o Ator Principal*), a Senhorita (*aponta a Atriz Principal*), mas sem dúvida... quer dizer... não são nós...

O Diretor – Pois claro! Como o senhor queria que fossem "vocês", se eles são os atores?

O Pai – Exatamente, os atores! E os dois representam bem nossos papéis. Mas acredite que, para nós, parece outra coisa, que pretende ser a mesma, mas não é!

O Diretor – E como não é? O que é, então?

O Pai – Outra coisa, que... torna-se deles, e não mais nossa.

O Diretor – Mas isso é óbvio! Eu já lhe disse!

O Pai – Sim, entendo, entendo...

O Diretor – Então chega! (*dirigindo-se aos Atores:*) Significa que ensaiaremos depois, entre nós, como se deve fazer. Sempre foi uma maldição ensaiar na presença dos autores! Nunca ficam contentes! (*Dirigindo-se ao Pai e à Enteada:*) Vamos, vamos continuar com vocês, e ver se há alguma chance de a senhorita parar de dar risada.

A Enteada – Ah, não vou rir mais, não! Agora vem o melhor para mim, tenha certeza!

O Diretor – Então, quando a senhorita diz: "Não se preocupe mais, por favor, com o que eu disse. Também por mim, entende...", (*dirigindo-se ao Pai*) é preciso que o senhor diga logo: "Entendo, entendo..." e imediatamente pergunte...

A Enteada – (*interrompendo*) ...como! O quê!

O Diretor – ...a razão do seu luto!

A Enteada – Não, senhor! Veja: quando eu falei para ele que era melhor não lembrar que eu estava de luto, sabe o que ele me respondeu? "Ah, está bem! Então vamos tirar, vamos tirar já este vestidinho!"

O Diretor – Bonito! Muito bem! Quer mandar todo o teatro pelos ares?

A Enteada – Mas é a verdade.

O Diretor – Mas que verdade, faça-me o favor? Aqui estamos no teatro! Verdade até certo ponto!

A Enteada – Desculpe perguntar, mas então o que o senhor pretende fazer?

O Diretor – Vai ver, vai ver! Deixe por minha conta, que agora eu cuido!

A Enteada – Não, senhor! Essa minha náusea, todas essas minhas razões, uma mais cruel e mais sórdida do que a outra, que me fazem assim, que fazem de mim quem eu sou, o senhor quer transformar num pastichezinho romântico-sentimental, ele me perguntando as razões do luto, e eu respondendo em lágrimas que meu pai morreu dois meses atrás? Não, não, caro senhor! Ele tem de me dizer o que disse: "Então vamos tirar, vamos tirar já este vestidinho!" E eu, com todo meu luto no coração, de apenas dois meses, fui até ali, está vendo? Ali, atrás daquele biombo, e com esses dedos que tremem de vergonha, de repulsa, desabotoei o corpete, o vestido...

O Diretor – (*colocando as mãos nos cabelos*) Por favor! O que está dizendo?

A Enteada – (*gritando, frenética*) A verdade! A verdade, senhor!

O Diretor – Sim! Não nego, deve ser verdade... e entendo, entendo todo o seu horror, senhorita, mas entenda também que não é possível pôr tudo isso em cena!

A Enteada – Não é possível? Então muito obrigada, não participo!

O Diretor – Mas, não, veja...

A Enteada – Não participo! Não participo! O que é possível em cena, vocês dois combinaram lá dentro, obrigada! Entendo muito bem! Ele quer chegar logo à representação (*acentuando*) de seus tormentos espirituais, mas eu quero representar meu drama! O meu!

O Diretor – (*aborrecido, num meneio de irritação*) Oh, olhe aí, o seu! Não há apenas o seu, desculpe-me! Há também o dos outros! O dele (*indica o*

Pai), o de sua mãe! Um personagem não pode vir assim, demasiado à frente, se sobrepondo aos outros, invadindo a cena. Todos precisam caber dentro de um quadro harmônico e representar o que é representável! Também sei muito bem que cada um tem dentro de si uma vida inteira que gostaria de pôr para fora. Mas o difícil é exatamente isso: pôr para fora só o necessário na relação com os demais, e com esse pouquinho conseguir expressar toda a outra vida que continua por dentro! Ah, muito fácil, se cada personagem pudesse num belo monólogo, ou por que não... numa conferência, vir despejar diante do público tudo o que guarda dentro de si! (*em tom afável, conciliador.*) A senhorita precisa se conter, acredite, em seu próprio interesse, pois toda essa fúria avassaladora e essa repulsa exasperada podem até causar má impressão, estou lhe avisando, já que a senhorita mesma, desculpe-me, admitiu que esteve com outros antes dele, na casa de Madame Pace, mais de uma vez!

A Enteada – (*abaixando a cabeça, em voz profunda, após uma pausa de reflexão*) É verdade! Mas pense que, para mim, esses outros também são ele.

O Diretor – (*não entendendo*) Como, os outros? O que quer dizer?

A Enteada – Para quem cai em culpa, senhor, o responsável de todas as culpas posteriores não é sempre quem, em primeiro lugar, causou a queda? E para mim é ele, antes mesmo que eu nascesse. Olhe para ele, e veja se não é verdade!

O Diretor – Muito bem! E lhe parece pouco o peso de tanto remorso sobre ele? Dê-lhe oportunidade de representá-lo!

A Enteada – E como, desculpe? Digo, como ele poderia representar todos os seus "nobres" remorsos, todos os seus tormentos "morais", se o senhor quer lhe poupar o horror de ter encontrado entre seus braços, um belo dia, depois de convidá-la a tirar o vestido do luto recente, aquela menina, feita mulher e já caída, aquela menina que ele ia ver na saída da escola? (*Diz essas últimas palavras com a voz trêmula de emoção.*)

A Mãe, ao ouvi-la, é tomada por um ímpeto de angústia irreprimida, que se exprime em alguns gemidos sufocados, e por fim rompe num pranto incontido. A comoção toma conta de todos. Longa pausa.

A Enteada – (*quando a Mãe dá sinais de se acalmar, acrescenta sombria e resoluta*) Estamos aqui e agora, apenas entre nós, ainda ignorados pelo público. Amanhã, o senhor apresenta o espetáculo que lhe aprouver, montando-o à sua maneira. Mas quer ver realmente o drama? Realmente como o drama explodiu?

O Diretor – Sim, não peço outra coisa, para extrair dele, desde já, tudo o que for possível!

A Enteada – Muito bem, mande aquela mãe sair.

A Mãe – (*interrompendo as lágrimas, num grito*) Não, não! Não permita, senhor! Não permita!

O Diretor – Mas é só para ver, senhora!

A Mãe – Não posso! Não posso!

O Diretor – Mas se já aconteceu, desculpe! Não entendo!

A Mãe – Não, acontece agora, acontece sempre! Meu suplício não terminou, senhor! Estou viva e presente, sempre, em todo momento de meu suplício, que se renova, sempre vivo e presente. Mas aqueles dois pequenos ali, o senhor ouviu dizerem uma palavra? Não podem mais falar, senhor! Continuam pendurados em mim, ainda, para manter meu suplício vivo e presente: mas eles, em si, não existem, não existem mais! E esta (*indica a Enteada*), senhor, fugiu, fugiu de mim e se perdeu, perdeu... Se agora posso vê-la aqui, é ainda por isso, só por isso, sempre, sempre, para renovar sempre, vivo e presente, o suplício que sofri também por ela!

O Pai – (*solene*) O momento eterno, como eu lhe disse, senhor! Ela (*indica a Enteada*) está aqui para me pegar, me fixar, me manter preso e imobilizado eternamente no pelourinho, naquele único momento fugaz e vergonhoso da minha vida. Ela não pode renunciar a isso, e o senhor, de fato, não pode me poupar disso.

O Diretor – Certo, não digo que não vamos representá-lo: vai ser, justamente, o núcleo de todo o primeiro ato, até o momento em que ela (*aponta a Mãe*) surpreende os dois.

O Pai – Isso mesmo. Porque é minha condenação, senhor: toda a nossa paixão, que vai culminar no grito final dela! (*Também indica a Mãe.*)

A Enteada – Ainda posso ouvi-lo! Aquele grito me enlouqueceu! O senhor pode me representar como quiser: não importa! Até vestida, contanto que os braços – pelo menos os braços – fiquem nus, porque, veja, estando assim (*vai se aproximar do Pai e apoiar a cabeça em seu peito*), com a cabeça apoiada assim, e os braços assim em seu pescoço, eu via latejar aqui, no braço, uma veia, e então, como se apenas aquela veia viva me causasse repulsa, apertei os olhos, assim, assim, e afundei a cabeça no peito dele. (*Virando-se para a Mãe:*) Grite, grite, mamãe! (*Afunda a cabeça no peito do Pai e, erguendo os ombros como para não ouvir o grito, acrescenta numa voz de suplício sufocado:*) Grite como gritou naquela hora.

A Mãe – (*jogando-se para separá-los*) Não! Filha, Filha minha! (*E depois de separá-la dele:*) Seu nojento, é minha filha! Não vê que é minha filha?

O Diretor – (*recuando até a ribalta ao ouvir o grito, entre o espanto dos Atores*) Muito bem, sim, muito bem! E agora pano, pano!

O Pai – (*correndo até ele, alvoroçado*) Isso, agora, porque foi exatamente assim, senhor!

O Diretor – (*admirado e convencido*) Sim, agora, sem dúvida! Pano! Pano!

Aos gritos repetidos do Diretor, o Maquinista abaixa o pano, deixando de fora o Diretor e o Pai, na frente da ribalta.

O Diretor – (*olhando para cima, com os braços erguidos*) Mas que imbecil! Digo o pano para indicar que o Ato deve terminar assim, e me abaixam o pano de verdade! (*Para o Pai, suspendendo a beirada do pano para entrar de novo no palco:*) Sim, Sim, muito bem! Muito bem! Efeito garantido! É assim que precisa terminar. Não tenho dúvida do sucesso deste Primeiro Ato! (*Entra com o Pai.*)

Erguendo-se o pano, vê-se que os Maquinistas e o Contrarregra desmontaram aquele primeiro cenário e puseram no lugar um pequeno tanque de jardim.

Os Atores estão sentados em fila num lado do palco, e os Personagens no outro. O Diretor está de pé, no centro do palco, com o punho cerrado diante da boca, com ar de reflexão.

O Diretor – (*sacudindo-se, após uma breve pausa*) Oh, certo: passemos ao Segundo Ato! Deixem, deixem que eu faça, conforme combinamos antes, que irá muito bem!

A Enteada – Nossa entrada na casa dele (*indica o Pai*), o despeito daquele ali! (*Indica o Filho.*)

O Diretor – (*impaciente*) Está bem, mas deixe que eu faça, repito!

A Enteada – Contanto que o despeito fique claro!

A Mãe – (*de seu lugar, meneando a cabeça*) Por todo o bem que isso nos trouxe...

A Enteada – (*virando-se para ela, de repelão*) Não importa! Quanto maior o mal para nós, maior o remorso para ele!

O Diretor – (*impaciente*) Entendi, entendi! E levaremos isso em conta, principalmente no início! Tenha certeza!

A Mãe – (*suplicante*) Mas deixe bem claro, peço-lhe, senhor, para a paz de minha consciência, pois eu tentei de todas as maneiras...

A Enteada – (*interrompendo com desdém e continuando*) ... me acalmar, me aconselhar que não devíamos lhe fazer esse desafôro! (*Para o Diretor:*) Atenda-a, atenda-a, porque é verdade! Eu me divirto muito com isso, pois o que se vê é o contrário: quanto mais ela suplica, quanto mais quer entrar no coração daquele ali, mais ele se mantém distante: "au-sen-te"! Que prazer!

O Diretor – Afinal, vamos começar esse Segundo Ato?

A Enteada – Vou ficar quieta! Mas veja bem, vai ser impossível desenrolar todo ele no jardim, como o senhor quer!

O Diretor – Por que será impossível?

A Enteada – Porque ele (*indica novamente o Filho*) fica sempre fechado no quarto, afastado! Além disso, toda a parte daquele pobre rapazinho ali, perdido, como lhe disse, tem de se desenrolar dentro de casa.

O Diretor – Ah, sim! Mas, por outro lado, entendam também que não podemos pendurar cartõezinhos ou mudar o cenário à vista, três ou quatro vezes por ato!

O Ator Principal – Antigamente se mudava...

O Diretor – Sim, quando o público era, talvez, igual àquela menina ali!

Atriz principal – E a ilusão, mais fácil!

O Pai – (*levantando-se num salto*) A ilusão? Por favor, não digam a ilusão! Não utilizem essa palavra, que é especialmente cruel para nós!

O Diretor – (*surpreso*) E por quê, desculpe-me?

O Pai – Sim, cruel, cruel! O senhor há de entender!

O Diretor – E como diríamos, então? A ilusão a ser criada, aqui, para os espectadores...

O Ator Principal – ...com nossa representação...

O Diretor – ...a ilusão de uma realidade!

O Pai – Compreendo, senhor. Mas talvez o senhor não possa nos compreender. Desculpe-me! Porque aqui, veja, para o senhor e seus atores trata-se apenas – e está certo – de um jogo.

A Atriz Principal – (*interrompendo indignada*) Que jogo! Não somos crianças! Aqui representamos a sério.

O Pai – Não estou negando isso. Quero dizer, de fato, o jogo de sua arte, que deve dar, justamente – como diz o senhor – uma perfeita ilusão de realidade.

O Diretor – Isso, precisamente!

O Pai – Agora, se o senhor pensar que nós, tal como somos (*indica a si e sumariamente os outros cinco Personagens*), não temos outra realidade além dessa ilusão!

O Diretor – (*perplexo, olhando para seus Atores, eles também incertos e perdidos*) O que o senhor quer dizer?

O Pai – (*depois de observá-los um pouco, com um sorriso pálido*) Sim, senhores! Qual outra? O que, para os senhores, é uma ilusão a ser criada, para nós é nossa única realidade. (*Breve pausa. Avança alguns passos até o Diretor, e acrescenta:*) Mas não apenas para nós, veja bem! Pense bem. (*Fita-o nos olhos:*) Sabe me dizer quem é o senhor? (*E mantém o indicador apontado para ele.*)

O Diretor – (*perturbado, com um meio sorriso*) Como, quem eu sou? Sou eu!

O Pai – E se eu lhe dissesse que não é verdade, porque o senhor sou eu?

O Diretor – Eu responderia que o senhor é um louco!

Os Atores riem.

O Pai – Têm razão em rir: porque aqui é tudo um jogo, (*Para o Diretor*) e portanto o senhor pode alegar que é só por jogo que aquele senhor ali (*indica o Ator Principal*), que é "ele", deve ser "eu", que inversamente sou "este". Viu que o apanhei na armadilha?

Os Atores voltam a rir.

O Diretor – (*aborrecido*) Mas isso já falamos agora há pouco! Vamos recomeçar?

O Pai – Não, não. De fato eu não pretendia dizer isso. Pelo contrário, convido-o a sair desse jogo (*olhando para a Atriz Principal, como se antecipando*) – de arte! De arte! – que o senhor está acostumado a jogar aqui com seus atores, e volto a lhe perguntar a sério: quem é o senhor?

O Diretor – (*espantado e ao mesmo tempo irritado, dirigindo-se aos Atores*) Oh, mas precisa de muita cara de pau! Alguém que se faz de personagem e vem perguntar a mim quem eu sou!

O Pai – (*com dignidade, mas sem arrogância*) Um personagem, senhor, pode sempre perguntar a um homem quem ele é. Pois um personagem tem verdadeiramente uma vida marcada por suas características, em virtude das quais ele sempre é "alguém". Ao passo que um homem – não falo do senhor, agora – um homem assim, em termos gerais, pode não ser "ninguém".

O Diretor – Sim! Mas o senhor pergunta a mim, que sou o Diretor! O Diretor! Entendeu?

O Pai – (*quase em surdina, com melíflua humildade*) Só para saber, o senhor, tal como está agora, consegue se ver... se ver, por exemplo, passado algum tempo, como aquele outro que o senhor foi outrora, com todas as ilusões que tinha, com todas as coisas, dentro e ao redor de si, como lhe pareciam naquele momento, e eram, realmente eram daquela maneira para o senhor! Muito bem: pensando novamente naquelas ilusões que agora o senhor não tem mais, em todas as coisas que agora não lhe "parecem" mais como "eram" para o senhor no passado, não se sente faltar, não digo esse tablado do palco, mas o chão, o próprio chão sob os pés, considerando que igualmente "este" que o senhor sente ser agora, toda a sua realidade de hoje tal como é, está destinado a lhe parecer ilusão amanhã.

O Diretor – (*sem ter entendido bem, desorientado pela argumentação capciosa*) Pois bem! Aonde quer chegar com isso?

O Pai – Oh, a lugar nenhum, senhor. Mostrar-lhe que, se nós (*indica de novo a si e aos outros Personagens*) não temos outra realidade além da ilusão, é conveniente que o senhor também desconfie de sua realidade, desta que o senhor hoje respira e toca em si, porque, como a de ontem, está destinada a se revelar amanhã como ilusão.

O Diretor – (*resolvendo levar na brincadeira*) Ah, muito bem! E, ainda por cima, o senhor vai dizer que, com esta comédia que veio representar aqui, é mais verdadeiro e real do que eu!

O Pai – (*com a máxima seriedade*) Mas isso sem dúvida, senhor!

O Diretor – Ah, sim?

O Pai – Eu achava que o senhor já tinha entendido desde o início.

O Diretor – Mais real do que eu?

O Pai – Se sua realidade pode mudar de hoje para amanhã...

O Diretor – Mas é claro que pode mudar, todo mundo sabe disso! Muda continuamente, como a de todos!

O Pai – (*numa exclamação*) Mas a nossa não, senhor! Está vendo? A diferença é essa! Não muda, não pode mudar, nem ser outra, jamais, pois já está fixada, assim, "esta", para sempre (é terrível, senhor!), "esta" realidade imutável, que deveria lhes provocar um calafrio ao se aproximarem de nós!

O Diretor – (*pondo-se de um salto diante dele, com uma ideia que lhe vem de repente*) Pois então eu gostaria de saber onde é que já se viu um personagem saindo de seu papel e pondo-se a perorar como o senhor faz, propondo-o, explicando-o. Pode me dizer? Eu nunca vi!

O Pai – Nunca viu, senhor, porque os autores costumam ocultar os tormentos de sua criação. Quando os personagens estão vivos, realmente vivos, diante de seu autor, ele apenas vai segui-los na ação, nas palavras, nos gestos que exatamente eles propõem, e precisa querê-los como eles mesmos se querem, e ai do autor se não fizer assim! Quando um personagem nasce, adquire imediatamente tal independência, até do próprio autor, que qualquer um pode imaginá-lo em muitas outras situações em que o autor jamais pensou em colocá-lo, e às vezes também adquire um significado que o autor jamais sonhou em lhe dar!

O Diretor – Sim, isso eu sei!

O Pai – E, então, por que se admira conosco? Imagine a desgraça que é para um personagem, como eu lhe disse, ter nascido vivo da fantasia de um autor, o qual depois quis lhe negar a vida, e me diga se este personagem largado assim, sem vida, não está certo em começar a fazer o que estamos fazendo nós, aqui e agora, diante dos senhores, depois de termos insistido muito com ele, acredite, tentando persuadi-lo, incitá-lo, aparecendo ora eu, ora ela (*indica a Enteada*), ora aquela pobre mãe...

A Enteada – (*adiantando-se, com ar sonhador*) É verdade, eu também, eu também, senhor, para tentá-lo, muitas vezes, na melancolia daquele seu escritório, na hora do crepúsculo, quando ele, largado numa poltrona, não tinha ânimo nem para girar o interruptor da lâmpada e deixava que a sombra invadisse a sala e aquela sombra saltasse de nós, que íamos tentá-lo... (*Como se ainda se visse lá, naquela sala, e se sentisse incomodada com a presença dos Atores*). Se todos eles fossem embora! Se nos deixassem sós! Minha mãe ali, com aquele filho, eu com aquela menina, aquele rapaz lá sempre sozinho, e depois eu com ele (*indica levemente o Pai*), e depois eu sozinha... naquela sombra, (*de repente, num salto, como querendo se aferrar à visão que tem de si, viva, cintilando naquela sombra*) ah, a minha vida! Que cenas, que cenas iríamos lhe propor! Eu, eu, era eu que mais o tentava!

O Pai – Sim, e provavelmente foi sua causa, por causa dessa sua insistência exagerada, seu descontrole excessivo!

A Enteada – Que nada! Se ele mesmo me quis assim! (*Aproxima-se do Diretor para dizer-lhe em tom de confidência:*) Eu acredito, senhor, que foi mais por desânimo ou desdém pelo teatro, tal como o público habitualmente vê e quer...

O Diretor – Vamos prosseguir, vamos prosseguir, santo Deus, e vamos aos fatos, meus senhores!

A Enteada – Ora, desculpe, mas me parece que fatos o senhor já tem até demais, com nossa chegada à casa dele! (*Indica o Pai.*) O senhor disse que não podia pendurar cartõezinhos ou mudar de cenário a cada cinco minutos!

O Diretor – Sim, exatamente! Temos de combiná-los, agrupá-los numa ação simultânea e densa, e não como pretende a senhorita, que quer antes ver seu irmãozinho voltando da escola, circulando como uma sombra pelos quartos, escondendo-se atrás das portas para conceber um propósito, em que – como disse?...

A Enteada – ...se desvigora, senhor, se desvigora totalmente!

O Diretor – Nunca ouvi esta palavra! Não pode ser "crescendo só nos olhos"?

A Enteada – Sim, senhor: ali está ele! (*Aponta-o ao lado da Mãe.*)

O Diretor – Muito bem! e depois, ao mesmo tempo, a senhorita quer também aquela menina brincando no jardim, alheia a tudo. Um em casa, a outra no jardim, como é possível?

A Enteada – Ah, ao sol, feliz! É meu único consolo, a alegria dela, a festa dela, naquele jardim, longe da miséria, da desolação de um quarto horrível, onde dormíamos os quatro – e eu com ela – eu, imagine só! Com o horror de meu corpo contaminado, ao lado dela que me abraçava com força, com seus beijinhos amorosos e inocentes. No jardim, assim que me via, corria para me segurar a mão. As flores grandes ela nem via, e ia procurar todas aquelas "piquitinhas", e queria mostrá-las para mim, fazendo tanta festa, tanta festa!

Dizendo isso, dilacerada pela recordação, rompe num longo pranto desesperado, baixando a cabeça entre os braços abandonados na mesinha. Todos se sentem tomados de emoção. O Diretor se aproxima quase paternalmente e tenta confortá-la:

O Diretor – Faremos o jardim, faremos o jardim, não se preocupe, e a senhorita ficará contente! Juntaremos as cenas ali. (*Chamando pelo nome um Auxiliar de Palco:*) Vamos, baixe uns troncos de árvores! Dois ciprestezinhos aqui na frente desta fonte!

Descem do alto do palco dois pequenos ciprestes. O Maquinista se apressa em pregá-los no chão.

O Diretor – (*para a Enteada*) Assim está melhor, agora, para dar uma ideia. (*Chama novamente pelo nome o Auxiliar de Palco*). Vamos, agora um pouco de céu!

O Auxiliar de Palco – (*do alto*) O quê?

O Diretor – Um pouco de céu! Um pequeno pano de fundo, que fique por trás desta fonte!

Desce do alto do palco uma tela branca.

O Diretor – Não branco! Eu disse céu! Não tem problema, deixe: dou um jeito. (*Chama:*) Você, eletricista, apague tudo e crie um pouco de atmosfera... atmosfera lunar... azul, azul nas rampas do palco e azul na tela, com o refletor... Assim! Está bom!

Surge uma misteriosa cena lunar, e os Atores começam a falar e se mover como se fosse de noite, num jardim ao luar.

O Diretor – (*Para a Enteada*) Pronto, olhe! E agora o rapazinho, ao invés de se esconder atrás das portas dos quartos, poderia andar ali pelo jardim, ocultando-se atrás das árvores. Mas entenda que será difícil encontrar uma menina que faça bem a cena com a senhorita, quando lhe mostra as florezinhas. (*Virando-se para o Rapazinho:*) Venha, venha para frente! Vamos ensaiar um pouco! (*E, como o rapaz não se move:*) Vamos! Vamos! (*Depois puxa-o para frente e tenta erguer sua cabeça, que torna a baixar:*) Ah, que coisa, este rapaz também é um problema... Mas como é? Meu Deus, precisa dizer pelo menos alguma coisa... (*Vai até ele, põe uma mão em seu ombro, leva-o para trás das árvores.*) Venha, venha comigo, deixe-me ver! Esconda-se um pouco aqui...

assim... Tente mostrar um pouco a cabeça, espiar... (*Sai de lado para ver o efeito; quando o Rapazinho executa a ação, entre a admiração dos Atores que ficam impressionadíssimos:*) Ah, muito bem... muito bem... (*Dirigindo-se à Enteada:*) E se a menina, ao surpreendê-lo espiando assim, fosse até lá e lhe arrancasse pelo menos algumas palavras?

A Enteada – (*empertigando-se*) Ele não vai falar enquanto aquele ali estiver lá! (*Indica o Filho.*) Antes o senhor precisa mandar embora aquele ali.

O Filho – (*seguindo resoluto para uma das escadinhas*) É para já! Com muito gosto! Não peço outra coisa!

O Diretor – (*segurando-o no ato*) Não! Aonde vai? Espere!

A Mãe se levanta, angustiada pela possibilidade de que ele realmente saia, e estende instintivamente os braços para retê-lo, mesmo sem sair do lugar.

O Filho – (*chegando à ribalta, ao Diretor que o retém*) Não tenho nada mesmo a fazer aqui! Deixe-me ir, por favor! Deixe-me ir!

O Diretor – Como não tem nada a fazer?

A Enteada – (*placidamente, com ironia*) Não o segure! Ele não vai embora!

O Pai – Ele tem de representar a cena terrível no jardim com sua mãe!

O Filho – (*rápido, decidido, orgulhoso*) Eu não represento nada! Já avisei desde o começo! (*Ao Diretor:*) Solte-me!

A Enteada – (*apressando-se, ao Diretor*) Com licença, senhor (*Abaixa os braços do Diretor, que está segurando o Filho.*) Pode soltá-lo! (*Depois que o Diretor o solta, dirigindo-se a ele:*) Muito bem, vá embora! (*O Filho fica perto da escadinha, mas, como que preso por uma força oculta, não consegue descer os degraus; então, entre o espanto e a consternação dos Atores, anda lentamente ao longo da ribalta, indo até a outra escadinha do palco, mas, chegando lá, também fica parado, sem conseguir descer. A Enteada, que o acompanha com os olhos em atitude desafiadora, desata a rir.*) Não consegue, está vendo? Não consegue! Vai ficar aqui, de toda maneira, preso por uma corrente, indissoluvelmente. Pois se eu – eu, que vou levantar voo, senhor, quando ocorrer o que deve ocorrer, justamente pelo ódio que sinto por ele, justamente para não o ver mais na minha frente – muito bem, se eu estou ainda aqui, e tolero sua visão e sua presença, imagine se ele pode ir embora, ele que deve, realmente deve ficar aqui com esse seu belo pai, e aquela mãe ali, sem outros filhos a não ser ele mesmo... (*Dirigindo-se à Mãe:*) E vamos, vamos, mamãe! Venha... (*Dirigindo-se ao Diretor para indicá-la.*) Olhe, levantou-se, tinha se levantado para retê-lo... (*À Mãe, atraindo-a como num passe de mágica.*) Venha, venha... (*Depois, ao Diretor:*) Imagine que ânimo ela pode ter para mostrar aqui a seus atores aquilo que sente, mas é tão grande a ansiedade de se aproximar dele que – pronto, está vendo? – está disposta a viver sua cena!

De fato, a Mãe se aproxima e, logo que a Enteada acaba de proferir as últimas palavras, abre os braços para indicar que está de acordo.

O Filho – (*imediatamente*) Ah, mas eu não! Se não posso ir embora, fico aqui, mas repito que não vou representar nada!

O Pai – (*para o Diretor, exaltado*) O senhor pode obrigá-lo!

O Filho – Ninguém pode me obrigar!

O Pai – Obrigo eu!

A Enteada – Esperem! Esperem! Antes a menina, na fonte! (*Corre para pegar a Menina, agacha-se diante dela, pega seu rostinho entre as mãos.*) Pobre amorzinho meu, você olha perdida, com esses olhos lindos: quem sabe onde julga estar! Estamos num palco, querida! O que é um palco? Ah, vê? É um lugar onde a gente brinca a sério. Onde encena uma comédia. E agora nós é que faremos a comédia. A sério, sabe! Você também... (*Abraça-a, apertando-a junto ao peito e embalando-a de leve.*) Oh, meu amorzinho, meu amorzinho, que peça feia você vai fazer! Que coisa horrível inventaram para você! O jardim, a fonte... Bem, é de mentirinha, claro! O problema é este, queridinha: tudo é de mentira, aqui! Ah, mas talvez você goste mais de uma fonte de mentira do que de verdade, para poder brincar, não é? Não, para os outros será uma brincadeira, não para você, infelizmente, pois você é de verdade, amorzinho, e brinca de verdade numa fonte verdadeira, bonita, grande, verde, com muito bambu fazendo sombra, refletindo-se, e tantos patinhos nadando, rompendo essa sombra. Você quer pegar um desses patos... (*com um grito que surpreende a todos:*) não, minha Rosinha, não! Mamãe não cuida de você, por causa daquele canalha de filho ali! Estou com todos meus demônios na cabeça... E aquele ali... (*Deixa a Menina e se dirige da maneira habitual ao Rapazinho:*) O que está fazendo aqui, sempre com esse ar de mendigo? Vai ser também por sua causa se aquela pequenina se afogar: você ficando assim, como se eu, ao trazer vocês para esta casa, não tivesse pagado por todos! (*Pegando-lhe pelo braço, para obrigá-lo a tirar a mão do bolso:*) O que tem aí? O que está escondendo? Tire, tire esta mão! (*Arranca-lhe a mão do bolso e, para o horror de todos, descobre que está segurando um revólver. Fita-o com alguma satisfação, e depois diz sombria:*) Ah! Onde, como conseguiu? (*O Rapazinho, assustado, sempre com os olhos vazios e arregalados, não responde, e ela continua:*) Tolo, eu em seu lugar, em vez de me matar, mataria um daqueles dois: o pai ou o filho!

Empurra-o de volta para trás do cipreste, por onde estava espreitando, pega a Menina, deita-a dentro da fonte, para ficar escondida, e por fim se agacha ali, com o rosto entre os braços apoiados na beirada da fonte.

O Diretor – Muito bem! (*Dirigindo-se ao Filho:*) E, ao mesmo tempo...

O FILHO – (*com desdém*) O que ao mesmo tempo! Não é verdade, senhor! Não houve nenhuma cena entre mim e ela! (*Indica a Mãe.*) Pergunte a ela como foi.

Enquanto isso, a Segunda Atriz e o Ator Jovem se separam do grupo dos Atores, e ela observa atenta a Mãe, que está à sua frente, e o outro observa o Filho, para depois representarem seus papéis.

A MÃE – Sim, é verdade, senhor! Eu tinha entrado no quarto dele.

O FILHO – No meu quarto, entendeu? Não no jardim!

O DIRETOR – Mas isso não tem importância! Temos de agrupar a ação, já disse!

O FILHO – (*percebendo o Ator Jovem que o observa*) O que o senhor quer?

O ATOR JOVEM – Nada, estou observando.

O FILHO – (*virando-se para o outro lado, para a Segunda Atriz*) Ah, e aí está a senhora! Para fazer o papel dela? (*Indica a Mãe.*)

O DIRETOR – Exato! Exato! E creio que deveria agradecer por essa atenção deles!

O FILHO – Ah, sim! Obrigado! Mas o senhor ainda não entendeu que não pode fazer essa comédia? Não estamos dentro do senhor, e seus atores ficam nos olhando de fora. Como lhe parece possível viver diante de um espelho que, além do mais, não satisfeito em nos devolver a imagem da nossa própria expressão, devolve-a como um esgar irreconhecível de nós mesmos?

O PAI – Isso é verdade! Verdade! Convença-se de uma vez por todas!

O DIRETOR – (*para o Ator Jovem e para a Segunda Atriz*) Está bem, saiam daí!

O FILHO – Nem adianta! Eu não me disponho.

O DIRETOR – Fique quieto agora, e me deixe ouvir sua mãe! (*Para a Mãe:*) Então? Tinha entrado?

A MÃE – Sim, senhor, no quarto dele, não aguentando mais. Para desabafar toda a angústia que me oprime. Mas assim que ele me viu entrar...

O FILHO – ... nenhuma cena! Eu saí, saí para não fazer nenhuma cena. Pois nunca fiz cenas, entendeu?

A MÃE – É verdade! Isso mesmo! Isso mesmo!

O DIRETOR – Mas agora precisa fazer essa cena entre os dois! É indispensável!

A MÃE – Por mim, senhor, estou disposta! Quem sabe o senhor não arruma uma maneira de eu falar com ele por um momento, de dizer a ele tudo o que tenho no coração.

O PAI – (*indo até o Filho, violentíssimo*) Você vai fazer! Por sua mãe! Por sua mãe!

O FILHO – (*mais decidido do que nunca*) Não faço nada!

O PAI – (*sacudindo-o pelos ombros*) Por Deus, obedeça! Obedeça! Você não se escuta, não ouve como está falando com ela? Não tem coração de filho?

O Filho – (*agarrando o Pai, por sua vez*) Não! Não! E pare de uma vez por todas!

Comoção geral. A Mãe, assustada, tenta intervir para separá-los.

A Mãe – (*c.a.*) Pelo amor de Deus! Pelo amor de Deus!

O Pai – (*sem soltá-lo*) Obedeça!

O Filho – (*lutando com ele e no fim jogando-o por terra, ao lado da escadinha, para o horror de todos*) Mas que frenesi foi esse que lhe deu? Não tem vergonha de mostrar a todos a sua e a nossa desgraça?! Eu não me disponho! E assim interpreto a vontade de quem não quis nos levar ao palco!

O Diretor – Mas vocês vieram!

O Filho – (*apontando para o Pai*) Ele, não eu!

O Diretor – E o senhor não está aqui também?

O Filho – Ele quis vir, arrastando todos nós e combinando com o senhor lá dentro, não só o que realmente aconteceu, mas, como se não bastasse, o que não aconteceu também!

O Diretor – Mas então me diga, diga o senhor o que aconteceu! Diga para mim! Saiu do seu quarto, sem dizer nada?

O Filho – (*depois de hesitar um pouco*) Nada. Justamente para não fazer uma cena!

O Diretor – (*incentivando-o*) Muito bem, e depois? O que fez?

O Filho – (*entre a atenção angustiada de todos, dando alguns passos no proscênio*) Nada... atravessando o jardim... (*interrompe-se, sombrio, absorto.*)

O Diretor – (*incentivando-o cada vez mais a falar, impressionado com sua reserva*) Então, atravessando o jardim?

O Filho – (*exasperado, escondendo o rosto num braço*) Mas por que o senhor quer me fazer falar? É horrível!

A Mãe estremece, em gemidos abafados, olhando a fonte.

O Diretor – (*notando seu olhar, dirige-se em voz baixa ao Filho, com apreensão crescente*) A menina?

O Filho – (*olhando diante de si, para a sala*) Lá, na fonte...

O Pai – (*prostrado, indicando piedosamente a Mãe*) E ela o seguia, senhor!

O Diretor – (*para o Filho, com ansiedade*) E então, o senhor?

O Filho – (*devagar, sempre olhando diante de si*) Corri, me joguei para tirá-la dali... Mas de repente parei, porque vi atrás daquelas árvores uma coisa que me gelou: o rapaz, o rapaz que continuava ali parado, com olhos de louco, fitando a irmãzinha afogada na fonte. (*A Enteada, que continuava curvada sobre a fonte escondendo a Menina, responde como eco ao fundo, soluçando perdidamente. Pausa.*) Eu ia me aproximar, e então...

Atrás das árvores, onde está escondido o Rapazinho, soa um tiro de revólver.

A Mãe – (*com um grito lancinante, correndo com o Filho e todos os Atores, entre o tumulto geral*) Filho! Meu filho! (*E depois, entre a confusão e a gritaria dos outros:*) Socorro! Socorro!

O Diretor – (*entre a balbúrdia, tentando abrir caminho, enquanto erguem o Rapazinho pelos braços e pelas pernas, levando-o para trás da tela branca*) Está ferido? Está realmente ferido?

Todos, exceto o Diretor e o Pai, que continua prostrado perto da escadinha, desaparecem atrás da tela ao fundo que faz às vezes de céu, e lá ficam algum tempo, em murmúrios angustiados. Depois os Atores retornam à cena, vindo pelos dois lados.

A Atriz Principal – (*voltando pela direita, entristecida*) Morreu! Pobre rapaz! Morreu! Oh, que coisa!

O Ator Principal – (*voltando pela esquerda, rindo*) Que morreu que nada! Ficção! Ficção! Não acredite!

Outros atores à direita – Ficção? Realidade! Realidade! Morreu!

Outros atores à esquerda – Não! Ficção! Ficção!

O Pai – (*levantando-se e gritando entre eles*) Que ficção! Realidade, realidade, senhores, realidade!

E desaparece ele também, desesperado, atrás da tela ao fundo.

O Diretor – (*não aguentando mais*) Ficção! Realidade! Vão para o inferno todos vocês! Luz! Luz! Luz! (*De repente, todo o palco e a sala do teatro se iluminam com uma luz intensa. O Diretor respira como se saísse de um pesadelo, e todos se entreolham, surpresos e perdidos*). Ah! Nunca me aconteceu uma coisa dessas! Fizeram-me perder o dia! (*Olha o relógio.*) Podem ir! Podem ir! O que mais querem fazer agora? Tarde demais para retomar o ensaio. Até hoje à noite! (*E depois que os Atores se despedem e saem:*) Você, eletricista, apague tudo! (*Quando acaba de falar, o teatro mergulha na mais completa escuridão*). Ei, por favor, deixe acesa pelo menos uma lâmpada, para eu ver onde estou pisando!

Imediatamente, atrás do pano de fundo, acende-se, como por engano, um refletor verde que projeta as sombras grandes e ressaltadas dos Personagens, exceto o Rapazinho e a Menina. Ao vê-las, o Diretor foge espavorido do palco. Então apaga-se o refletor ao fundo, e volta ao palco o azul noturno de antes. Devagar, pela direita da tela, aparece primeiro o Filho, seguido pela Mãe com os braços estendidos para ele, depois, pela esquerda, aparece o Pai. Param no meio do palco, ficando ali como formas de um devaneio. Por último, pela esquerda, vem a Enteada, que corre para uma das escadinhas, detém-se no primeiro degrau por alguns instantes, olhando os outros três, e rompe num riso estridente, descendo rapidamente a escadinha; então corre pela passagem entre as poltronas, detém-se mais uma vez e ri, olhando os três que continuam no palco; desaparece da sala, e lá de fora, no saguão do teatro, ouve-se mais uma vez sua risada. Logo depois desce o pano.

Coleção L&PM POCKET (Lançamentos mais recentes)

820. De pernas pro ar – Eduardo Galeano
821. Tragédias gregas – Pascal Thiercy
822. Existencialismo – Jacques Colette
823. Nietzsche – Jean Granier
824. Amar ou depender? – Walter Riso
825. Darmapada: A doutrina budista em versos
826. J'Accuse...! – a verdade em marcha – Zola
827. Os crimes ABC – Agatha Christie
828. Um gato entre os pombos – Agatha Christie
831. Dicionário de teatro – Luiz Paulo Vasconcellos
832. Cartas extraviadas – Martha Medeiros
833. A longa viagem de prazer – J. J. Morosoli
834. Receitas fáceis – J. A. Pinheiro Machado
835. (14). Mais fatos & mitos – Dr. Fernando Lucchese
836. (15). Boa viagem! – Dr. Fernando Lucchese
837. Aline: Finalmente nua!!! (4) – Adão Iturrusgarai
838. Mônica tem uma novidade! – Mauricio de Sousa
839. Cebolinha em apuros! – Mauricio de Sousa
840. Sócios no crime – Agatha Christie
841. Bocas do tempo – Eduardo Galeano
842. Orgulho e preconceito – Jane Austen
843. Impressionismo – Dominique Lobstein
844. Escrita chinesa – Viviane Alleton
845. Paris: uma história – Yvan Combeau
846 (15). Van Gogh – David Haziot
848. Portal do destino – Agatha Christie
849. O futuro de uma ilusão – Freud
850. O mal-estar na cultura – Freud
853. Um crime adormecido – Agatha Christie
854. Satori em Paris – Jack Kerouac
855. Medo e delírio em Las Vegas – Hunter Thompson
856. Um negócio fracassado e outros contos de humor – Tchékhov
857. Mônica está de férias! – Mauricio de Sousa
858. De quem é esse coelho? – Mauricio de Sousa
860. O mistério Sittaford – Agatha Christie
861. Manhã transfigurada – L. A. de Assis Brasil
862. Alexandre, o Grande – Pierre Briant
863. Jesus – Charles Perrot
864. Islã – Paul Balta
865. Guerra da Secessão – Farid Ameur
866. Um rio que vem da Grécia – Cláudio Moreno
868. Assassinato na casa do pastor – Agatha Christie
869. Manual do líder – Napoleão Bonaparte
870 (16). Billie Holiday – Sylvia Fol
871. Bidu arrasando! – Mauricio de Sousa
872. Os Sousa: Desventuras em família – Mauricio de Sousa
874. E no final a morte – Agatha Christie
875. Guia prático do Português correto – vol. 4 – Cláudio Moreno
876. Dilbert (6) – Scott Adams
877 (17). Leonardo da Vinci – Sophie Chauveau
878. Bella Toscana – Frances Mayes
879. A arte da ficção – David Lodge
880. Striptiras (4) – Laerte
881. Skrotinhos – Angeli
882. Depois do funeral – Agatha Christie
883. Radicci 7 – Iotti
884. Walden – H. D. Thoreau
885. Lincoln – Allen C. Guelzo
886. Primeira Guerra Mundial – Michael Howard
887. A linha de sombra – Joseph Conrad
888. O amor é um cão dos diabos – Bukowski
890. Despertar: uma vida de Buda – Jack Kerouac
891 (18). Albert Einstein – Laurent Seksik
892. Hell's Angels – Hunter Thompson
893. Ausência na primavera – Agatha Christie
894. Dilbert (7) – Scott Adams
895. Ao sul de lugar nenhum – Bukowski
896. Maquiavel – Quentin Skinner
897. Sócrates – C.C.W. Taylor
899. O Natal de Poirot – Agatha Christie
900. As veias abertas da América Latina – Eduardo Galeano
901. Snoopy: Sempre alerta! (10) – Charles Schulz
902. Chico Bento: Plantando confusão – Mauricio de Sousa
903. Penadinho: Quem é morto sempre aparece – Mauricio de Sousa
904. A vida sexual da mulher feia – Claudia Tajes
905. 100 segredos de liquidificador – José Antonio Pinheiro Machado
906. Sexo muito prazer 2 – Laura Meyer da Silva
907. Os nascimentos – Eduardo Galeano
908. As caras e as máscaras – Eduardo Galeano
909. O século do vento – Eduardo Galeano
910. Poirot perde uma cliente – Agatha Christie
911. Cérebro – Michael O'Shea
912. O escaravelho de ouro e outras histórias – Edgar Allan Poe
913. Piadas para sempre (4) – Visconde da Casa Verde
914. 100 receitas de massas light – Helena Tonetto
915 (19). Oscar Wilde – Daniel Salvatore Schiffer
916. Uma breve história do mundo – H. G. Wells
917. A Casa do Penhasco – Agatha Christie
919. John M. Keynes – Bernard Gazier
920 (20). Virginia Woolf – Alexandra Lemasson
921. Peter e Wendy seguido de Peter Pan em Kensington Gardens – J. M. Barrie
922. Aline: numas de colegial (5) – Adão Iturrusgarai
923. Uma dose mortal – Agatha Christie
924. Os trabalhos de Hércules – Agatha Christie
926. Kant – Roger Scruton
927. A inocência do Padre Brown – G.K. Chesterton
928. Casa Velha – Machado de Assis
929. Marcas de nascença – Nancy Huston
930. Aulete de bolso
931. Hora Zero – Agatha Christie
932. Morte na Mesopotâmia – Agatha Christie
934. Nem te conto, João – Dalton Trevisan
935. As aventuras de Huckleberry Finn – Mark Twain
936 (21). Marilyn Monroe – Anne Plantagenet
937. China moderna – Rana Mitter

938. **Dinossauros** – David Norman
939. **Louca por homem** – Claudia Tajes
940. **Amores de alto risco** – Walter Riso
941. **Jogo de damas** – David Coimbra
942. **Filha é filha** – Agatha Christie
943. **M ou N?** – Agatha Christie
945. **Bidu: diversão em dobro!** – Mauricio de Sousa
946. **Fogo** – Anaïs Nin
947. **Rum: diário de um jornalista bêbado** – Hunter Thompson
948. **Persuasão** – Jane Austen
949. **Lágrimas na chuva** – Sergio Faraco
950. **Mulheres** – Bukowski
951. **Um pressentimento funesto** – Agatha Christie
952. **Cartas na mesa** – Agatha Christie
954. **O lobo do mar** – Jack London
955. **Os gatos** – Patricia Highsmith
956(22). **Jesus** – Christiane Rancé
957. **História da medicina** – William Bynum
958. **O Morro dos Ventos Uivantes** – Emily Brontë
959. **A filosofia na era trágica dos gregos** – Nietzsche
960. **Os treze problemas** – Agatha Christie
961. **A massagista japonesa** – Moacyr Scliar
963. **Humor do miserê** – Nani
964. **Todo o mundo tem dúvida, inclusive você** – Édison de Oliveira
965. **A dama do Bar Nevada** – Sergio Faraco
969. **O psicopata americano** – Bret Easton Ellis
970. **Ensaios de amor** – Alain de Botton
971. **O grande Gatsby** – F. Scott Fitzgerald
972. **Por que não sou cristão** – Bertrand Russell
973. **A Casa Torta** – Agatha Christie
974. **Encontro com a morte** – Agatha Christie
975(23). **Rimbaud** – Jean-Baptiste Baronian
976. **Cartas na rua** – Bukowski
977. **Memória** – Jonathan K. Foster
978. **A abadia de Northanger** – Jane Austen
979. **As pernas de Úrsula** – Claudia Tajes
980. **Retrato inacabado** – Agatha Christie
981. **Solanin (1)** – Inio Asano
982. **Solanin (2)** – Inio Asano
983. **Aventuras de menino** – Mitsuru Adachi
984(16). **Fatos & mitos sobre sua alimentação** – Dr. Fernando Lucchese
985. **Teoria quântica** – John Polkinghorne
986. **O eterno marido** – Fiódor Dostoiévski
987. **Um safado em Dublin** – J. P. Donleavy
988. **Mirinha** – Dalton Trevisan
989. **Akhenaton e Nefertiti** – Carmen Seganfredo e A. S. Franchini
990. **On the Road – o manuscrito original** – Jack Kerouac
991. **Relatividade** – Russell Stannard
992. **Abaixo de zero** – Bret Easton Ellis
993(24). **Andy Warhol** – Mériam Korichi
995. **Os últimos casos de Miss Marple** – Agatha Christie
996. **Nico Demo: Aí vem encrenca** – Mauricio de Sousa
998. **Rousseau** – Robert Wokler
999. **Noite sem fim** – Agatha Christie
1000. **Diários de Andy Warhol (1)** – Editado por Pat Hackett
1001. **Diários de Andy Warhol (2)** – Editado por Pat Hackett
1002. **Cartier-Bresson: o olhar do século** – Pierre Assouline
1003. **As melhores histórias da mitologia: vol. 1** – A.S. Franchini e Carmen Seganfredo
1004. **As melhores histórias da mitologia: vol. 2** – A.S. Franchini e Carmen Seganfredo
1005. **Assassinato no beco** – Agatha Christie
1006. **Convite para um homicídio** – Agatha Christie
1008. **História da vida** – Michael J. Benton
1009. **Jung** – Anthony Stevens
1010. **Arsène Lupin, ladrão de casaca** – Maurice Leblanc
1011. **Dublinenses** – James Joyce
1012. **120 tirinhas da Turma da Mônica** – Mauricio de Sousa
1013. **Antologia poética** – Fernando Pessoa
1014. **A aventura de um cliente ilustre** *seguido de* **O último adeus de Sherlock Holmes** – Sir Arthur Conan Doyle
1015. **Cenas de Nova York** – Jack Kerouac
1016. **A corista** – Anton Tchékhov
1017. **O diabo** – Leon Tolstói
1018. **Fábulas chinesas** – Sérgio Capparelli e Márcia Schmaltz
1019. **O gato do Brasil** – Sir Arthur Conan Doyle
1020. **Missa do Galo** – Machado de Assis
1021. **O mistério de Marie Rogêt** – Edgar Allan Poe
1022. **A mulher mais linda da cidade** – Bukowski
1023. **O retrato** – Nicolai Gogol
1024. **O conflito** – Agatha Christie
1025. **Os primeiros casos de Poirot** – Agatha Christie
1027(25). **Beethoven** – Bernard Fauconnier
1028. **Platão** – Julia Annas
1029. **Cleo e Daniel** – Roberto Freire
1030. **Til** – José de Alencar
1031. **Viagens na minha terra** – Almeida Garrett
1032. **Profissões para mulheres e outros artigos feministas** – Virginia Woolf
1033. **Mrs. Dalloway** – Virginia Woolf
1034. **O cão da morte** – Agatha Christie
1035. **Tragédia em três atos** – Agatha Christie
1037. **O fantasma da Ópera** – Gaston Leroux
1038. **Evolução** – Brian e Deborah Charlesworth
1039. **Medida por medida** – Shakespeare
1040. **Razão e sentimento** – Jane Austen
1041. **A obra-prima ignorada** *seguido de* **Um episódio durante o Terror** – Balzac
1042. **A fugitiva** – Anaïs Nin
1043. **As grandes histórias da mitologia greco-romana** – A. S. Franchini
1044. **O corno de si mesmo & outras historietas** – Marquês de Sade
1045. **Da felicidade** *seguido de* **Da vida retirada** – Sêneca
1046. **O horror em Red Hook e outras histórias** – H. P. Lovecraft
1047. **Noite em claro** – Martha Medeiros
1048. **Poemas clássicos chineses** – Li Bai, Du Fu e Wang Wei

1049. **A terceira moça** – Agatha Christie
1050. **Um destino ignorado** – Agatha Christie
1051(26). **Buda** – Sophie Royer
1052. **Guerra Fria** – Robert J. McMahon
1053. **Simons's Cat: as aventuras de um gato travesso e comilão – vol. 1** – Simon Tofield
1054. **Simons's Cat: as aventuras de um gato travesso e comilão – vol. 2** – Simon Tofield
1055. **Só as mulheres e as baratas sobreviverão** – Claudia Tajes
1057. **Pré-história** – Chris Gosden
1058. **Pintou sujeira!** – Mauricio de Sousa
1059. **Contos de Mamãe Gansa** – Charles Perrault
1060. **A interpretação dos sonhos: vol. 1** – Freud
1061. **A interpretação dos sonhos: vol. 2** – Freud
1062. **Frufru Rataplã Dolores** – Dalton Trevisan
1063. **As melhores histórias da mitologia egípcia** – Carmem Seganfredo e A.S. Franchini
1064. **Infância. Adolescência. Juventude** – Tolstói
1065. **As consolações da filosofia** – Alain de Botton
1066. **Diários de Jack Kerouac – 1947-1954**
1067. **Revolução Francesa – vol. 1** – Max Gallo
1068. **Revolução Francesa – vol. 2** – Max Gallo
1069. **O detetive Parker Pyne** – Agatha Christie
1070. **Memórias do esquecimento** – Flávio Tavares
1071. **Drogas** – Leslie Iversen
1072. **Manual de ecologia (vol.2)** – J. Lutzenberger
1073. **Como andar no labirinto** – Affonso Romano de Sant'Anna
1074. **A orquídea e o serial killer** – Juremir Machado da Silva
1075. **Amor nos tempos de fúria** – Lawrence Ferlinghetti
1076. **A aventura do pudim de Natal** – Agatha Christie
1078. **Amores que matam** – Patricia Faur
1079. **Histórias de pescador** – Mauricio de Sousa
1080. **Pedaços de um caderno manchado de vinho** – Bukowski
1081. **A ferro e fogo: tempo de solidão (vol.1)** – Josué Guimarães
1082. **A ferro e fogo: tempo de guerra (vol.2)** – Josué Guimarães
1084(17). **Desembarcando o Alzheimer** – Dr. Fernando Lucchese e Dra. Ana Hartmann
1085. **A maldição do espelho** – Agatha Christie
1086. **Uma breve história da filosofia** – Nigel Warburton
1088. **Heróis da História** – Will Durant
1089. **Concerto campestre** – L. A. de Assis Brasil
1090. **Morte nas nuvens** – Agatha Christie
1092. **Aventura em Bagdá** – Agatha Christie
1093. **O cavalo amarelo** – Agatha Christie
1094. **O método de interpretação dos sonhos** – Freud
1095. **Sonetos de amor e desamor** – Vários
1096. **120 tirinhas do Dilbert** – Scott Adams
1097. **200 fábulas de Esopo**
1098. **O curioso caso de Benjamin Button** – F. Scott Fitzgerald
1099. **Piadas para sempre: uma antologia para morrer de rir** – Visconde da Casa Verde
1100. **Hamlet (Mangá)** – Shakespeare
1101. **A arte da guerra (Mangá)** – Sun Tzu
1104. **As melhores histórias da Bíblia (vol.1)** – A. S. Franchini e Carmen Seganfredo
1105. **As melhores histórias da Bíblia (vol.2)** – A. S. Franchini e Carmen Seganfredo
1106. **Psicologia das massas e análise do eu** – Freud
1107. **Guerra Civil Espanhola** – Helen Graham
1108. **A autoestrada do sul e outras histórias** – Julio Cortázar
1109. **O mistério dos sete relógios** – Agatha Christie
1110. **Peanuts: Ninguém gosta de mim... (amor)** – Charles Schulz
1111. **Cadê o bolo?** – Mauricio de Sousa
1112. **O filósofo ignorante** – Voltaire
1113. **Totem e tabu** – Freud
1114. **Filosofia pré-socrática** – Catherine Osborne
1115. **Desejo de status** – Alain de Botton
1118. **Passageiro para Frankfurt** – Agatha Christie
1120. **Kill All Enemies** – Melvin Burgess
1121. **A morte da sra. McGinty** – Agatha Christie
1122. **Revolução Russa** – S. A. Smith
1123. **Até você, Capitu?** – Dalton Trevisan
1124. **O grande Gatsby (Mangá)** – F. S. Fitzgerald
1125. **Assim falou Zaratustra (Mangá)** – Nietzsche
1126. **Peanuts: É para isso que servem os amigos (amizade)** – Charles Schulz
1127(27). **Nietzsche** – Dorian Astor
1128. **Bidu: Hora do banho** – Mauricio de Sousa
1129. **O melhor do Macanudo Taurino** – Santiago
1130. **Radicci 30 anos** – Iotti
1131. **Show de sabores** – J.A. Pinheiro Machado
1132. **O prazer das palavras – vol. 3** – Cláudio Moreno
1133. **Morte na praia** – Agatha Christie
1134. **O fardo** – Agatha Christie
1135. **Manifesto do Partido Comunista (Mangá)** – Marx & Engels
1136. **A metamorfose (Mangá)** – Franz Kafka
1137. **Por que você não se casou... ainda** – Tracy McMillan
1138. **Textos autobiográficos** – Bukowski
1139. **A importância de ser prudente** – Oscar Wilde
1140. **Sobre a vontade na natureza** – Arthur Schopenhauer
1141. **Dilbert (8)** – Scott Adams
1142. **Entre dois amores** – Agatha Christie
1143. **Cipreste triste** – Agatha Christie
1144. **Alguém viu uma assombração?** – Mauricio de Sousa
1145. **Mandela** – Elleke Boehmer
1146. **Retrato do artista quando jovem** – James Joyce
1147. **Zadig ou o destino** – Voltaire
1148. **O contrato social (Mangá)** – J.-J. Rousseau
1149. **Garfield fenomenal** – Jim Davis
1150. **A queda da América** – Allen Ginsberg
1151. **Música na noite & outros ensaios** – Aldous Huxley
1152. **Poesias inéditas & Poemas dramáticos** – Fernando Pessoa
1153. **Peanuts: Felicidade é...** – Charles M. Schulz

1154. **Mate-me por favor** – Legs McNeil e Gillian McCain
1155. **Assassinato no Expresso Oriente** – Agatha Christie
1156. **Um punhado de centeio** – Agatha Christie
1157. **A interpretação dos sonhos (Mangá)** – Freud
1158. **Peanuts: Você não entende o sentido da vida** – Charles M. Schulz
1159. **A dinastia Rothschild** – Herbert R. Lottman
1160. **A Mansão Hollow** – Agatha Christie
1161. **Nas montanhas da loucura** – H.P. Lovecraft
1162.(28). **Napoleão Bonaparte** – Pascale Fautrier
1163. **Um corpo na biblioteca** – Agatha Christie
1164. **Inovação** – Mark Dodgson e David Gann
1165. **O que toda mulher deve saber sobre os homens: a afetividade masculina** – Walter Riso
1166. **O amor está no ar** – Mauricio de Sousa
1167. **Testemunha de acusação & outras histórias** – Agatha Christie
1168. **Etiqueta de bolso** – Celia Ribeiro
1169. **Poesia reunida (volume 3)** – Affonso Romano de Sant'Anna
1170. **Emma** – Jane Austen
1171. **Que seja em segredo** – Ana Miranda
1172. **Garfield sem apetite** – Jim Davis
1173. **Garfield: Foi mal...** – Jim Davis
1174. **Os irmãos Karamázov (Mangá)** – Dostoiévski
1175. **O Pequeno Príncipe** – Antoine de Saint-Exupéry
1176. **Peanuts: Ninguém mais tem o espírito aventureiro** – Charles M. Schulz
1177. **Assim falou Zaratustra** – Nietzsche
1178. **Morte no Nilo** – Agatha Christie
1179. **Ê, soneca boa** – Mauricio de Sousa
1180. **Garfield a todo o vapor** – Jim Davis
1181. **Em busca do tempo perdido (Mangá)** – Proust
1182. **Cai o pano: o último caso de Poirot** – Agatha Christie
1183. **Livro para colorir e relaxar** – Livro 1
1184. **Para colorir sem parar**
1185. **Os elefantes não esquecem** – Agatha Christie
1186. **Teoria da relatividade** – Albert Einstein
1187. **Compêndio da psicanálise** – Freud
1188. **Visões de Gerard** – Jack Kerouac
1189. **Fim de verão** – Mohiro Kitoh
1190. **Procurando diversão** – Mauricio de Sousa
1191. **E não sobrou nenhum e outras peças** – Agatha Christie
1192. **Ansiedade** – Daniel Freeman & Jason Freeman
1193. **Garfield: pausa para o almoço** – Jim Davis
1194. **Contos do dia e da noite** – Guy de Maupassant
1195. **O melhor de Hagar 7** – Dik Browne
1196.(29). **Lou Andreas-Salomé** – Dorian Astor
1197.(30). **Pasolini** – René de Ceccatty
1198. **O caso do Hotel Bertram** – Agatha Christie
1199. **Crônicas de motel** – Sam Shepard
1200. **Pequena filosofia da paz interior** – Catherine Rambert
1201. **Os sertões** – Euclides da Cunha
1202. **Treze à mesa** – Agatha Christie
1203. **Bíblia** – John Riches
1204. **Anjos** – David Albert Jones
1205. **As tirinhas do Guri de Uruguaiana 1** – Jair Kobe
1206. **Entre aspas (vol.1)** – Fernando Eichenberg
1207. **Escrita** – Andrew Robinson
1208. **O spleen de Paris: pequenos poemas em prosa** – Charles Baudelaire
1209. **Satíricon** – Petrônio
1210. **O avarento** – Molière
1211. **Queimando na água, afogando-se na chama** – Bukowski
1212. **Miscelânea septuagenária: contos e poemas** – Bukowski
1213. **Que filosofar é aprender a morrer e outros ensaios** – Montaigne
1214. **Da amizade e outros ensaios** – Montaigne
1215. **O medo à espreita e outras histórias** – H.P. Lovecraft
1216. **A obra de arte na era de sua reprodutibilidade técnica** – Walter Benjamin
1217. **Sobre a liberdade** – John Stuart Mill
1218. **O segredo de Chimneys** – Agatha Christie
1219. **Morte na rua Hickory** – Agatha Christie
1220. **Ulisses (Mangá)** – James Joyce
1221. **Ateísmo** – Julian Baggini
1222. **Os melhores contos de Katherine Mansfield** – Katherine Mansfied
1223.(31). **Martin Luther King** – Alain Foix
1224. **Millôr Definitivo: uma antologia de *A Bíblia do Caos*** – Millôr Fernandes
1225. **O Clube das Terças-Feiras e outras histórias** – Agatha Christie
1226. **Por que sou tão sábio** – Nietzsche
1227. **Sobre a mentira** – Platão
1228. **Sobre a leitura *seguido do* Depoimento de Céleste Albaret** – Proust
1229. **O homem do terno marrom** – Agatha Christie
1230.(32). **Jimi Hendrix** – Franck Médioni
1231. **Amor e amizade e outras histórias** – Jane Austen
1232. **Lady Susan, Os Watson e Sanditon** – Jane Austen
1233. **Uma breve história da ciência** – William Bynum
1234. **Macunaíma: o herói sem nenhum caráter** – Mário de Andrade
1235. **A máquina do tempo** – H.G. Wells
1236. **O homem invisível** – H.G. Wells
1237. **Os 36 estratagemas: manual secreto da arte da guerra** – Anônimo
1238. **A mina de ouro e outras histórias** – Agatha Christie
1239. **Pic** – Jack Kerouac
1240. **O habitante da escuridão e outros contos** – H.P. Lovecraft
1241. **O chamado de Cthulhu e outros contos** – H.P. Lovecraft
1242. **O melhor de Meu reino por um cavalo!** – Edição de Ivan Pinheiro Machado
1243. **A guerra dos mundos** – H.G. Wells
1244. **O caso da criada perfeita e outras histórias** – Agatha Christie
1245. **Morte por afogamento e outras histórias** – Agatha Christie

1246. **Assassinato no Comitê Central** – Manuel Vázquez Montalbán
1247. **O papai é pop** – Marcos Piangers
1248. **O papai é pop 2** – Marcos Piangers
1249. **A mamãe é rock** – Ana Cardoso
1250. **Paris boêmia** – Dan Franck
1251. **Paris libertária** – Dan Franck
1252. **Paris ocupada** – Dan Franck
1253. **Uma anedota infame** – Dostoiévski
1254. **O último dia de um condenado** – Victor Hugo
1255. **Nem só de caviar vive o homem** – J.M. Simmel
1256. **Amanhã é outro dia** – J.M. Simmel
1257. **Mulherzinhas** – Louisa May Alcott
1258. **Reforma Protestante** – Peter Marshall
1259. **História econômica global** – Robert C. Allen
1260.(33). **Che Guevara** – Alain Foix
1261. **Câncer** – Nicholas James
1262. **Akhenaton** – Agatha Christie
1263. **Aforismos para a sabedoria de vida** – Arthur Schopenhauer
1264. **Uma história do mundo** – David Coimbra
1265. **Ame e não sofra** – Walter Riso
1266. **Desapegue-se!** – Walter Riso
1267. **Os Sousa: Uma famíla do barulho** – Mauricio de Sousa
1268. **Nico Demo: O rei da travessura** – Mauricio de Sousa
1269. **Testemunha de acusação e outras peças** – Agatha Christie
1270.(34). **Dostoiévski** – Virgil Tanase
1271. **O melhor de Hagar 8** – Dik Browne
1272. **O melhor de Hagar 9** – Dik Browne
1273. **O melhor de Hagar 10** – Dik e Chris Browne
1274. **Considerações sobre o governo representativo** – John Stuart Mill
1275. **O homem Moisés e a religião monoteísta** – Freud
1276. **Inibição, sintoma e medo** – Freud
1277. **Além do princípio de prazer** – Freud
1278. **O direito de dizer não!** – Walter Riso
1279. **A arte de ser flexível** – Walter Riso
1280. **Casados e descasados** – August Strindberg
1281. **Da Terra à Lua** – Júlio Verne
1282. **Minhas galerias e meus pintores** – Kahnweiler
1283. **A arte do romance** – Virginia Woolf
1284. **Teatro completo v. 1: As aves da noite** *seguido de* **O visitante** – Hilda Hilst
1285. **Teatro completo v. 2: O verdugo** *seguido de* **A morte da patriarca** – Hilda Hilst
1286. **Teatro completo v. 3: O rato no muro** *seguido de* **Auto da barca de Camiri** – Hilda Hilst
1287. **Teatro completo v. 4: A empresa** *seguido de* **O novo sistema** – Hilda Hilst
1289. **Fora de mim** – Martha Medeiros
1290. **Divã** – Martha Medeiros
1291. **Sobre a genealogia da moral: um escrito polêmico** – Nietzsche
1292. **A consciência de Zeno** – Italo Svevo
1293. **Células-tronco** – Jonathan Slack
1294. **O fim do ciúme e outros contos** – Proust
1295. **A jangada** – Júlio Verne
1296. **A ilha do dr. Moreau** – H.G. Wells
1297. **Ninho de fidalgos** – Ivan Turguêniev
1298. **Jane Eyre** – Charlotte Brontë
1299. **Sobre gatos** – Bukowski
1300. **Sobre o amor** – Bukowski
1301. **Escrever para não enlouquecer** – Bukowski
1302. **222 receitas** – J. A. Pinheiro Machado
1303. **Reinações de Narizinho** – Monteiro Lobato
1304. **O Saci** – Monteiro Lobato
1305. **Memórias da Emília** – Monteiro Lobato
1306. **O Picapau Amarelo** – Monteiro Lobato
1307. **A reforma da Natureza** – Monteiro Lobato
1308. **Fábulas** *seguido de* **Histórias diversas** – Monteiro Lobato
1309. **Aventuras de Hans Staden** – Monteiro Lobato
1310. **Peter Pan** – Monteiro Lobato
1311. **Dom Quixote das crianças** – Monteiro Lobato
1312. **O Minotauro** – Monteiro Lobato
1313. **Um quarto só seu** – Virginia Woolf
1314. **Sonetos** – Shakespeare
1315.(35). **Thoreau** – Marie Berthoumieu e Laura El Makki
1316. **Teoria da arte** – Cynthia Freeland
1317. **A arte da prudência** – Baltasar Gracián
1318. **O louco** *seguido de* **Areia e espuma** – Khalil Gibran
1319. **O profeta** *seguido de* **O jardim do profeta** – Khalil Gibran
1320. **Jesus, o Filho do Homem** – Khalil Gibran
1321. **A luta** – Norman Mailer
1322. **Sobre o sofrimento do mundo e outros ensaios** – Schopenhauer
1323. **Epidemiologia** – Rodolfo Saracci
1324. **Japão moderno** – Christopher Goto-Jones
1325. **A arte da meditação** – Matthieu Ricard
1326. **O adversário secreto** – Agatha Christie
1327. **Pollyanna** – Eleanor H. Porter
1328. **Espelhos** – Eduardo Galeano
1329. **A Vênus das peles** – Sacher-Masoch
1330. **O 18 de brumário de Luís Bonaparte** – Karl Marx
1331. **Um jogo para os vivos** – Patricia Highsmith
1332. **A tristeza pode esperar** – J.J. Camargo
1333. **Vinte poemas de amor e uma canção desesperada** – Pablo Neruda
1334. **Judaísmo** – Norman Solomon
1335. **Esquizofrenia** – Christopher Frith & Eve Johnstone
1336. **Seis personagens em busca de um autor** – Luigi Pirandello
1337. **A Fazenda dos Animais** – George Orwell
1338. **1984** – George Orwell
1339. **Ubu Rei** – Alfred Jarry
1340. **Sobre bêbados e bebidas** – Bukowski
1341. **Tempestade para os vivos e para os mortos** – Bukowski
1342. **Complicado** – Natsume Ono
1343. **Sobre o livre-arbítrio** – Schopenhauer
1344. **Uma breve história da literatura** – John Sutherland
1345. **Você fica tão sozinho às vezes que até faz sentido** – Bukowski

lepmeditores
www.lpm.com.br
o site que conta tudo

IMPRESSÃO:

PALLOTTI
GRÁFICA

Santa Maria - RS | Fone: (55) 3220.4500
www.graficapallotti.com.br